Dieses Buch ist eine Investition in Sie selbst.

Auswandern in die Schweiz, lohnt sich das finanziell überhaupt?

---> Die klare Antwort ist: Ja!! <---

Mit diesem Buch möchte ich Ihnen ein genaues Verständnis näher bringen, welches Gehalt Sie in der Schweiz verdienen können, welche Steuern und andere Abgaben auf Ihrem Lohnzettel stehen und was am Ende nach Ihren monatlichen persönlichen Ausgaben wirklich hängen bleibt.

Folgende Aussage haben Sie vermutlich schon einmal gehört:

"In der Schweiz sind die Gehälter höher, dafür aber auch die Kosten wie Miete, Lebensmittel und Essen gehen. Ein Cordon Bleu kostet da 40 Euro! Am Schluss macht das finanziell keinen großen Unterschied im Vergleich zu Deutschland und schenkt sich nichts."

Glauben Sie dieses Märchen nicht!

Wir werden die obige Aussage anhand Ihres Profils widerlegen. Am Ende des Buches berechnen wir Ihre persönliche Sparquote an Ihrem Wunschwohnort und Ihrem Lebensstil in der Schweiz. Anschließend berechnen wir anhand der gesparten jährlichen Summe Ihren fiktiven deutschen Bruttolohn, welchen Sie verdienen müssten, um denselben Betrag in Deutschland sparen zu können. Sie werden Augen machen und überrascht sein, wie sich das Arbeiten in der Schweiz lohnen kann. Zusätzlich dazu erwartet Sie eine deutlich höhere Rente. Kommen Sie in die Schweiz...

Vorwort

Ich freue mich sehr, Sie hier an dieser Stelle begrüßen zu dürfen. Mein Name ist Matthias Metzner, Jahrgang 1987, studierter Biotechnologe, ausgewandert in die Schweiz im April 2020, wohnhaft in Zürich, tätig in der biopharmazeutischen Industrie. Zuvor war ich für knapp sechs Jahre im Bereich Forschung & Entwicklung in einem anderen biopharmazeutischen Unternehmen in Deutschland tätig. Durch die Auswanderung in die Schweiz möchte ich Ihnen einen Einblick ermöglichen, wie sich das Arbeiten und das Leben in beiden Ländern unterscheidet. Das gilt unter anderem für die Themen Gehalt, Abgaben, Lebenshaltungskosten Freizeitkosten, Kosten für Kinder und die monatliche bzw. jährliche Sparquote.

Am Ende dieses Buches sollten Sie in der Lage sein zu verstehen, was Sie aus finanzieller Sicht in der Schweiz erwartet. Gleichzeitig möchte ich Werbung für die Schweiz machen, die Lebensqualität ist hier sehr hoch. Falls Sie tatsächlich in Betracht ziehen, in die Schweiz zu kommen, hoffe ich mit diesem Buch ihre Entscheidung über die Vielzahl der hier behandelten Themen zu erleichtern.

Um von Anfang an transparent zu Ihnen zu sein: Verschiedenste Themen können und dürfen aufgrund ihrer Komplexität hier nur oberflächlich angeschnitten werden, beispielsweise das Thema Betriebsrente, Steuerfragen, Versicherungsdetails. Je nach Fragestellung brauchen Sie einen Fachmann, sei es der Steuerberater oder der Versicherungsmakler Ihres Vertrauens. Für alle anderen Themen finden Sie hier den Input, den Sie brauchen.

Ansonsten sollte Sie in den nächsten Seiten nun sehr viel Mehrwert erwarten. Schnappen Sie sich einen Stift, los geht`s!

Inhaltsverzeichnis 1/2

Bevor wir über Schweizer Löhne sprechen – Brutto/Netto in Deutschland 7

Das geben Sie in Deutschland monatlich aus 8

Ihre Sparquote in Deutschland 10

Zeit, Gesundheit, Träume & Leben 12

Hier genannte Zahlen & Inflation 13

Grundlagen Schweiz – Erste Schritte 14

Aufenthaltsbewilligungen – Welche für Sie?... 15

Gehälter in der Schweiz – Das können Sie verdienen 16

Ihr Nettolohn in der Schweiz – Viel brutto, viel netto 24

Kosten im Alltag in der Schweiz – Eine Liste.. 27

Krankenversicherung – Franchise, Kosten & Arztmodell...................... 30

Essen Gehen in der Schweiz – Der Kostenblock.................................. 34

Freizeit in der Schweiz – Das wird sie kosten 38

Preise im Supermarkt & Ihre jährlichen Lebensmittelkosten 40

Und jetzt die Mieten – Ihre Kosten 48

Rente Deutschland vs. Schweiz 52

Altersvorsorge in der Schweiz - Säule 1 bis 3 54

Was kosten Kinder in der Schweiz?.. 56

Vermögenssteuer – Vernachlässigbar? 61

Arbeitsalltag in der Schweiz – Wochenstunden, Urlaubsanspruch, Größeres Arbeitspensum 62

Sparquote Schweiz – Was bleibt am Ende übrig?................................ 65

Fiktives Bruttogehalt in Deutschland – Der große Unterschied 67

Warum Sie eine Steuererklärung machen sollten................................. 71

Inhaltsverzeichnis 2/2

Umzug in die Schweiz, aber Immobilien in Deutschland 72

Was passiert mit den Aktiendepots in Deutschland & Wie tausche ich Schweizer Franken in Euro? 73

Die USA vor der Haustüre 75

Zahnzusatzversicherung - Eigenverantwortung 77

Was Sie jetzt noch hindert in die Schweiz zu ziehen 78

Weitere Tipps zum Start 81

Rabattcodes - Girokonto, Versicherungen & Co. 82

Über dieses Buch 85

Dieses Buch ist das perfekte Geschenk für folgende Personen:

Auswanderer
Schweizliebhaber
Abenteurer
Expats
Studenten
Praktikanten
Otto-Normalverbraucher
Berufsanfänger
Berufserfahrene
Hochqualifizierte
Digitale Nomaden
Self-Entrepreneurs
EU-Politik Skeptiker
CHF-Befürworter
Lebensverbesserer
Singles
Verliebte
Personen mit Partner in der Schweiz

Sowie für alle Schweizer.

Um Ihnen den organisatorischen Teil bei der Ankunft in der Schweiz zu erleichtern, finden Sie am Ende dieses Buches Beispiele für in der Schweiz beliebte Anbieter von Girokonten (Gehaltseingang), Haftpflicht-, Auto-, Hausrats- sowie Krankenversicherungen, Internetanbietern und vieles mehr **inklusive** entsprechender **Rabattcodes.**

Bevor wir über Schweizer Löhne sprechen
—
Brutto/Netto in Deutschland

Was verdienen Sie monatlich netto in Deutschland, welche Abzüge vom Bruttogehalt finden Sie auf Ihrer Lohnabrechnung? Diese Fragen müssen Sie unbedingt beantworten können, damit Sie einerseits Ihre aktuelle Einkommensseite kennen, gleichzeitig auch später entsprechende Abzüge bei Ihrer Schweizer Lohnabrechnung verstehen können. Hier ein Beispiel für eine deutsche Lohnabrechnung, tragen Sie daneben Ihrer Werte Ihres Berufes ein.

Ihre Lohnabrechnung	Beispiel - Lohnabrechnung
	Tarifentgelt (100%, pro Monat) : 4692.63 Euro
	Zusätzliches Grundentgelt: 60.66 Euro
	Gesamtbrutto: 4795.89 Euro
	Steuerbrutto: 4753.29 Euro
	Lohnsteuer (19.4%): 926.00 Euro
	Solidaritätszuschlag (1.07%): 50.93 Euro
	Kirchensteuer (1.75%): 83.34 Euro
	Krankenversicherung (7.750%): 351.66 Euro
	Rentenversicherung (9.30%): 442.06 Euro
	Arbeitslosenversicherung (1.25%): 59.42 Euro
	Pflegeversicherung (1.775%): 80.54 Euro
	Gesamtnetto: 2801.94 Euro
	Verzehr Kantine: 50.93 Euro
Auszahlung (netto): _____	**Auszahlung (netto): 2751.01 Euro (Monat)**

Das geben Sie in Deutschland monatlich aus

Sie haben gerade Ihren deutschen Nettolohn berechnet und kennen die einzelnen Abzüge von Ihrem Bruttolohn. Was können Sie von Ihrem Netto monatlich versparen? Dazu müssen Sie erstmal im Detail Ihre Kostenseite verstehen, die entsprechenden Ausgaben werden Sie auch in der Schweiz haben.

Berechnen Sie nun über die nachfolgende Tabelle Ihre Gesamtausgaben für einen normalen Monat in Deutschland.

Falls Sie allein auswandern wollen, listen Sie nur Ihre persönlichen Ausgaben. Falls Sie zu zweit auswandern wollen, listen Sie die Gesamtausgaben als Paar. Nehmen Sie sich dazu zusammen 30 Minuten Zeit. Der ermittelte Wert sollte unbedingt der Realität entsprechen, um den finanziellen Vorteil bzw. Nachteil einer Auswanderung in der Schweiz richtig berechnen zu können.

Ihre Ausgaben pro Monat [Euro]	Ausgabenbezeichnung (z.B.)
	Warmmiete: ~780 Euro
	Nebenkosten: ~60 Euro
	Strom: ~48 Euro
	Öffentlicher Nahverkehr: ~80 Euro
	Handyvertrag: ~15 Euro
	Internet/Telefon: ~30 Euro
	Rundfunkbeitrag (GEZ): ~18 Euro
	Haftpflichtversicherung: ~ 5 Euro*
	Unfallversicherung: ~5 Euro*
	Berufsunfähigkeitsversicherung: ~50 Euro*
	Autoversicherung: ~65 Euro*
	Weitere Versicherungen: ~50 Euro*
	Netflix/Amazon/DAZN/etc. Abo: ~22 Euro
	Sportverein/Fitnessstudio: ~25 Euro*
	Tanken/Sprit: ~90 Euro
	Klamotten: ~60 Euro
	Essen gehen: ~80 Euro
	Ungeplantes: ~60 Euro
	Sonstiges:_____
	Sonstiges:_____
	Sonstiges:_____
Total:_____	**Total: 1563 Euro (Ausgaben pro Monat)**
Total:_____	**Total: 18756 Euro (Ausgaben pro Jahr)**

*=Jahresbeiträge wie für das Jahresabo für das Fitnessstudio oder jährlich einmal zu zahlende Versicherungen teilen Sie durch zwölf um den Monatsbeitrag zu berechnen

Ihre Sparquote in Deutschland

Sie müssen für sich unbedingt verstehen, welche monatliche Summe Sie nach Ihren Ausgaben sparen können. Tragen Sie Werte aus den beiden vorigen Kapiteln in die untere Tabelle ein. Berechnen Sie anschließend die Sparsumme für 5, 10, 20 und 30 Jahren.

Ihre Daten	Einnahmen- / Ausgabenrechnung
	Auszahlung Nettogehalt: 2751.01 Euro
	Ausgaben Privat: 1563.00 Euro
	Sparsumme (monatlich): 1118.01 Euro
	Sparsumme (jährlich): 14256 Euro
	->Sparsumme (5 Jahre): 71280 Euro
	-->Sparsumme (10 Jahre): 142561 Euro
	--->Sparsumme (20 Jahre): 285122 Euro
	---->Sparsumme (30 Jahre): 427684 Euro

Was sagen Ihnen die verschiedenen Sparsummen? Was lösen die Beträge in Ihnen aus? Sind diese für Sie hoch oder niedrig? Was bedeuten diese Sparsummen für mögliche materielle bzw. immaterielle Wünsche wie z.B. ein Auto, Kinder, eine Wohnung, ein Haus, Teilzeit arbeiten, Freizeit, Rücklagen für die Rente, etc.?

Vernachlässigen Sie hier die Themen Inflation und Lohnsteigerung. Beides sollte sich im Mittel langfristig ausgleichen, die Kaufkraft durch Ihren zukünftigen Lohn bleibt praktisch gleich, der Döner kostet also im Jahr 2022 7 Euro, im Jahr 2042 15 Euro für jeweils eine Arbeitsleistung von z.B. 30 Minuten. Erspartes Kapital muss selbstverständlich angelegt werden (Aktien, ETFs, Fonds, Anleihen, Immobilien, etc.), sonst wirkt die Inflation und Sie erleiden einen Kaufkraftverlust. Sie sehen hier also Ihre aktuell erarbeitete Kaufkraft in 5-30 Jahren, bereinigt um die Inflation (sofern Sie beruflich nicht weiter aufsteigen oder eine Gehaltserhöhung bekommen).

Stellen Sie sich die Frage, welches Vermögen bzw. welche Kaufkraft möchten Sie bis in 10, 20, 30 Jahren oder gar bis zur Rente bis 65 erarbeitet haben? 200k Euro? 400k Euro und eine Wohnung? 150k Euro und ein Haus? 100k Euro, dafür möchten Sie aber ab 38 Jahren in Teilzeit arbeiten? Sie möchten bereits mit 62 Jahren in Rente und würden Rentenabschläge in Kauf nehmen?

Nach Jahren des kritischen Beäugens diverser Finanz-Communities und nach Lesen diverser Finanzguru-Bücher kann ich Ihnen nur folgendes an Herz legen, beantworten Sie folgende Frage:

What`s your number?

Sinnhaft übersetzt:
Welche Summe an erspartem Geld zum Zeitpunkt XY ist Ihr Ziel?
Was passiert danach?

Diese Frage werden Sie nicht in 30 Minuten beantworten können, dazu erfordert es je nach Lebenssituation diverse Abende mit einer Flasche Rotwein, Diskussionen mit Freunden oder mit Ihrem/Ihrer Partner/in, Lebenskrisen, berufliche Tiefs, Höhenflüge, etc.. Natürlich muss die Zahl realistisch sein, 2 Millionen Euro hätten wir alle gern auf dem Konto, diese sind aber für die Mehrheit absolut realitätsfern. Die Büchse der Pandora mit den Schlagwörtern „Finanzielle Freiheit" und „Finanzielle Unabhängigkeit" möchte ich an dieser Stelle nicht öffnen, „Ihre Zahl" müssen Sie aber kennen.

Machen Sie sich im gleichen Zuge Gedanken, wie Sie diese Zahl erreichen können. Was würde es für Sie bedeuten, wenn Sie diese Zahl in der Schweiz doppelt so schnell erreichen würden? Was bedeutet das für Ihr restliches Leben, nachdem Sie die Zahl erreicht haben?

Als Gedankenanstoß kann ich vorweg nehmen, Ihre Zahl beträgt, ohne dass Sie es wissen, ~650k Euro (Stand 2022. diese steigt um 2.5% pro Jahr). Können Sie nachvollziehen, warum das sehr gut auf Sie zutreffen könnte?

Zeit, Gesundheit, Träume & Leben

An dieser Stelle machen wir einen kleinen Exkurs: Was erwarten wir vom Leben? Diese Frage wollen wir an dieser Stelle gar nicht im Detail beantworten, auch ändern sich unsere Prioritäten permanent. Dennoch gilt es, sich in regelmäßigen Abständen mit dieser Frage auseinander zu setzen und seine Wünsche zu visualisieren. Das beinhaltet auch das Gespräch mit Freunden, der Familie oder dem Partner. Auch werden wir feststellen, dass wir uns häufig alle dasselbe wünschen. Welche Wünsche können wir realisieren?

Zu unseren Bedürfnissen gehören Zeit, Energie, Vitalität, Zufriedenheit und Gesundheit. Leider spielen diese Punkte je nach Lebensabschnitt nach und nach eine andere Rolle. Manchmal freiwillig, häufig aber auch gezwungenermaßen.

Wir tauschen Zeit und Energie für Geld, verlieren dabei aber nach und nach an Vitalität, Zufriedenheit und Gesundheit. Wie wir aus diesem „Hamsterrad" herauskommen, haben Sie bestimmt bereits mit Ihrem Umfeld diskutiert, aber eigentlich hat fast keiner davon einen wirklichen umsetzbaren Vorschlag.

Sofern Sie kein erfolgreicher Unternehmer oder eine hochbezahlte Führungskraft werden, bleibt Ihnen letztendlich nur die Möglichkeit Kapital anzusparen und dieses am Kapitalmarkt anzulegen und nach und nach Wohlstand aufzubauen. Auf Seite 10 haben sie berechnet, wie viel Vermögen Sie jeweils in 10 Jahresschritten anhäufen können.

Dabei werden Sie merken, dass Sie an folgenden Schlagwörtern nicht vorbeikommen: Verzicht & Cashflow

Setzen Sie sich intensiv mit Ihrer finanziellen Situation auseinander, formulieren Sie Ihre Träume und Ihre aktuellen Erwartungen an die nächsten 5 Jahre sowie 10 Jahre Ihres Lebens. Wie kann Ihnen die Schweiz dabei helfen?

Hier genannte Zahlen & Inflation

Die in diesem Buch genannten Zahlen für Gehälter, Höhe der Mieten, Kosten und Preise sind nach bestem Gewissen recherchiert.
Wie Sie natürlich wissen, unterliegt die Höhe der Mieten, Lebensmittel, Kosten für die Krankenkasse, Versicherungen und Co. der Inflation. Auch Ihr Gehalt steigt über die Jahre mehr oder weniger um die Höhe der Inflation.

Sollten die Daten aus dem Jahr 2022/23 für dieses Buch mal nicht aktuell sein: Um für Sie als Leser die Höhe der Kosten auch in den nachfolgenden Jahren z.B. für das Jahr 2030 einschätzen zu können, machen wir einen kleinen Exkurs in die Zinses-Zins Rechnung.

Beispiel anhand der Miete:
Sie lesen dieses Buch im Jahr 2030. Die durchschnittliche Inflation in der Schweiz beträgt in diesem Beispiel 0.9% im Durchschnitt über die letzten 8 Jahre. Die Miete für Ihre 70 m² Wunschwohnung beträgt im Jahr 2023 laut diesem Buch 2100 CHF pro Monat. Wie hoch ist die zu erwartende Miete im Jahr 2030?

Formel Zinses-Zins:
$Miete_{2030} = Miete_{2022} \times (1 + (Zinssatz/100))^{Anzahl\ Jahre}$

Berechnung:
$Miete_{2030} = 2100\ CHF \times (1 + (0.9/100))^8 = 2256\ CHF$

Für die Anti-Mathematiker:
Nehmen Sie einen Taschenrechner, geben Sie 2100 ein, multiplizieren Sie diesen Wert mit 1.009. Multiplizieren Sie den erhaltenen Wert jeweils erneut mit 1.009 und wiederholen Sie diesen Schritt insgesamt acht Mal für jedes Jahr. Ebenfalls hilfreich, sofern Sie keinen Wert für die durchschnittliche Inflation zur Hand haben.

Das heißt, im Jahr 2030 beträgt die Miete der Wohnung in der Theorie 2256 CHF im Monat, eine Zunahme von 156 CHF.

Grundlagen Schweiz – Erste Schritte

Die Schweiz liegt im Herzen Europas und besteht aus 26 Kantonen. Gesprochen werden die vier Landessprachen Deutsch, Französisch, Italienisch und Rätoromanisch. Schweizer werden nach den spezifischen Steuergesetzen des Bundes, des entsprechenden Kantons sowie der Stadt des Arbeitgebers besteuert. Abhängig vom Wohnsitz und Arbeitsort, zahlen Schweizer daher unterschiedlich hohe Steuern.

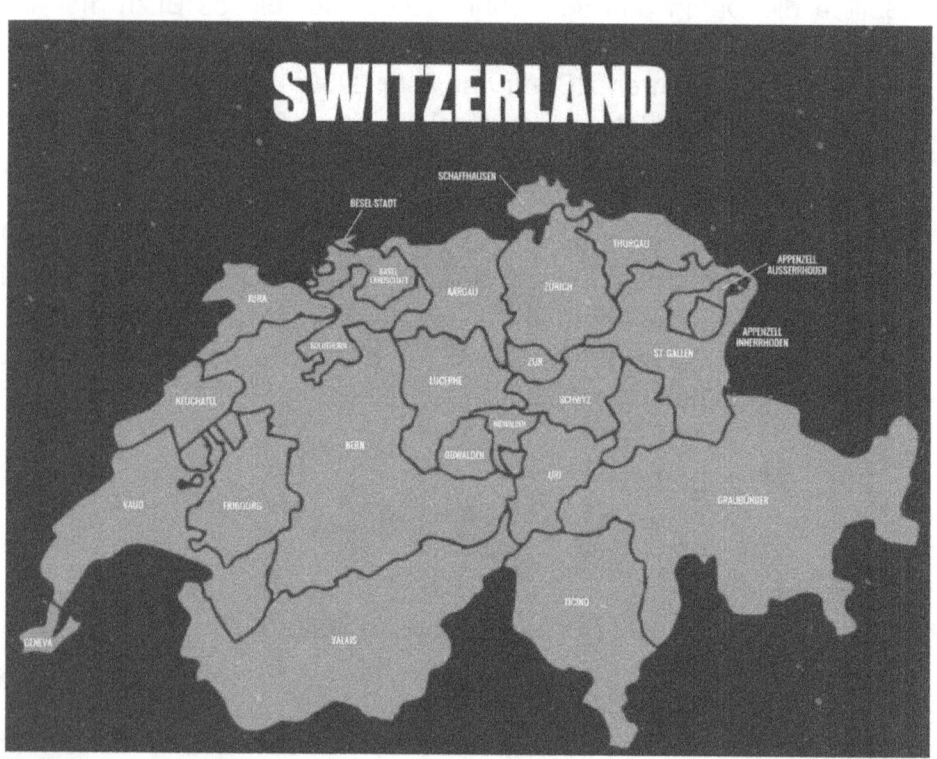

Zugezogene ausländische Arbeitnehmer benötigen bei Arbeitsantritt eine Aufenthaltsbewilligung. Das in der Schweiz erarbeitete Gehalt wird abhängig von der Aufenthaltsbewilligung für eine entsprechende Zeit quellenbesteuert (beispielsweise für 5 Jahre bei der Aufenthaltsbewilligung B bis zum Erhalt der Niederlassungsbewilligung C).

Wie oben erwähnt, sind bestimmte Kantone „steueroptimiert". Machen Sie sich hier bei der Arbeitssuche und Wohnungssuche nicht verrückt. Im Kanton Zug sind beispielsweise die Steuern niedrig, die Wohnungsmieten hingegen hoch. Das ist nicht direkt ein Nullsummenspiel, muss aber genau durchgerechnet werden. Machen Sie Ihren Wohnort also von Ihren Wünschen und Ihrer Lebenssituation abhängig und setzen Sie sich mit den Vorzügen einer Stadt wie Zürich, Basel oder Bern auseinander.

Sie sollten im ersten Jahr unbedingt eine Steuererklärung abgeben (Seite 71). Suchen Sie dazu einen Schweizer Steuerberater, auch Treuhänder genannt, auf und schildern Sie Ihre Situation. Diverse weitere Themen wie Zahlungen in die private Rentenvorsorge oder ein Bruttogehalt über 120k CHF erfordern die Abgabe einer Steuererklärung.

Machen Sie sich zudem mit dem Thema Berufsanerkennung vertraut.

Aufenthaltsbewilligungen – Welche für Sie?

Detaillierte Informationen zum Thema Aufenthaltsbewilligungen finden Sie auf der Webseite der Schweizerischen Eidgenossenschaft. Als EU/EFTA Angehöriger erhalten Sie die Aufenthaltsbewilligung B, sofern Sie Ihren Wohnsitz auch in der Schweiz haben. Nach fünf Jahren erhalten Sie die Niederlassungsbewilligung C.

VORSICHT: Sollten Sie in den 5 Jahren von z.B. Schaffhausen nach Zürich bzw. innerhalb von Zürich in eine andere Gemeinde umziehen, dann kann die 5 Jahresfrist zum Zeitpunkt des Umzugs bei null beginnen. Das heißt, Sie ziehen nach 3 Jahren um und verbleiben für 5 Jahre an Ihrem neuen Wohnort, dann erhalten Sie die Niederlassungsbewilligung summa summarum erst nach 8 Jahren.

EU/ETFA Grenzgänger, wohnhaft in Deutschland, Österreich, Frankreich, Italien und Lichtenstein erhalten die Grenzgängerbewilligung G.

Gehälter in der Schweiz – Das können Sie verdienen

Ausländische Arbeitnehmer sind in Ihrer Gehaltsvorstellung oft zu defensiv, was aus Sicht des Schweizer Otto-Normalverbrauchers die Löhne drückt und zu Unmut führt. Informieren Sie sich daher vorab gut über eine angemessene Vergütung Ihrer Stelle und fordern Sie ein anständiges Gehalt. In der Schweiz ist das Gehalt übrigens der Lohn. Der 13. Monatslohn ist ein Bestandteil des vertraglich vereinbarten Gehalts. Je nach Branche und Unternehmen können Sie zusätzlich einen Bonus erhalten. Der mögliche Jahresbonus ist abhängig von den Jahreszahlen des Unternehmens und beträgt bei der Mehrzahl der bonusberechtigten Arbeitnehmer gerne einmal bis zu 15% aufwärts (bezogen auf den Bruttojahreslohn inklusive des 13. Monatsgehalts).

Auf nationaler Ebene gibt es keinen Mindestlohn, aber einige Kantone und Branchen haben einen solchen festgelegt.

Mindest- & Medianlohn	Jahresgehalt brutto [CHF]
Mindestlohn: (Kantonsabhängig, Zürich = 23 CHF/Stunde)	~48875*
Medianlohn Schweiz 2020: 6665 CHF pro Monat	86645**

* = Basierend auf 250 Arbeitstagen zu je 8.5 Stunden
** = Basierend auf 13 Monatsgehältern

In der nachfolgenden Tabelle sind diverse Berufsbezeichnungen mit der Angabe von Bruttodurchschnittsgehältern gelistet (Internetrecherche, mehrere Quellen für die Durchschnittsermittlung). Prinzipiell bewegen sich die Gehälter in einer stark variierenden Gehaltsspanne, hier vereinfacht angegeben mit realistischen +-15%. Welches Gehalt Sie erwarten können, hängt stark von der Unternehmensgröße und Ihren Verhandlungskünsten ab. Gehälter zwischen Männer und Frauen werden an dieser Stelle nicht differenziert und als vergleichbar angesehen.

Ausbildungsberufe – Teil 1/4

Berufsbezeichnung	Durchschnitts-gehalt pro Jahr	Unteres Gehalt (-15%)	Oberes Gehalt (+15%)
	[CHF]	[CHF]	[CHF]
Friseur/in	53000	45000*	61000
Altenpfleger/in	83000	71000	95000
Verkäufer/in	60000	51000	69000
Zahnmedizinische/r Fachangestellte/r	56000	48000*	64000
Medizinische Fachangestellte/r	57000	48000*	66000
Steuerfachangestellte/r	83000	71000	95000
Verwaltungsfachangestellte/r	82000	70000	94000
Industriekaufleute	69000	59000	79000
Putzkraft	59000	50000	68000
Kellner/in	54000	46000*	62000
Elektroniker/in	73000	62000	84000
Fachkraft für Lagerlogistik	55000	47000*	63000
Industriemechaniker/in	83000	71000	95000
Kaufleute im Einzelhandel	72000	61000	83000
Kraftfahrzeugmechatroniker/in	66000	56000	76000
Tischler/in	76000	65000	87000
Mechatroniker/in	68000	58000	78000
Maurer/in	71000	60000	82000
Metzger/in	61000	52000	70000

*= Mindestlohn berücksichtigen

Ausbildungsberufe – Teil 2/4

Berufsbezeichnung	Durchschnitts-gehalt pro Jahr	Unteres Gehalt (-15%)	Oberes Gehalt (+15%)
	[CHF]	[CHF]	[CHF]
Fachinformatiker/in	90000	77000	104000
Mechaniker/in Sanitär-, Heizungs- und Klimatechnik.	68000	58000	78000
Physiotherapeut/in	79000	67000	91000
Schneider/in	62000	53000	71000
Schuhmacher/in	62000	53000	71000
Steward/ess	51000	43000	59000
Tierpfleger/in	65000	55000	75000
Zimmermann/-Frau	62000	53000	71000
Plattenleger/in	66000	56000	76000
Bodenleger/in	64000	54000	74000
Heizungsmonteur/in	63000	54000	72000
Dachdecker/in	65000	55000	75000
Hauswart/Hauswärtin	68000	58000	78000
Chauffeur/in	61000	52000	70000
Postangestellte/r	67000	57000	77000
Übersetzer/in	74000	63000	85000
Buchhändler/in	82000	70000	94000
Gärtner/in	53000	45000*	61000
Kundenberater/in	76000	65000	87000

*= Mindestlohn berücksichtigen

Ausbildungsberufe – Teil 3/4

Berufsbezeichnung	Durchschnitts-gehalt pro Jahr	Unteres Gehalt (-15%)	Oberes Gehalt (+15%)
	[CHF]	[CHF]	[CHF]
Bäcker/in	63000	54000	72000
Bildhauer/in	57000	48000*	66000
Büromitarbeiter/in	83000	71000	95000
Ergotherapeut/in	84000	71000	97000
Fitnesstrainer/in	66000	56000	76000
Förster/in	84000	71000	97000
Goldschmied/in	78000	66000	90000
Grafiker/in	57000	48000*	66000
Hebamme	79000	67000	91000
Kameramann/-Frau	63000	54000	72000
Kindergärtner/in	70000	60000	81000
Koch/Köchin	73000	62000	84000
Krankenschwester	69000	59000	79000
Sozialarbeiter/in	71000	60000	82000
Fabrikarbeiter/in	45000	38000*	52000
Automechaniker/in	70000	60000	81000
Call Center Agent/in	46000	39000*	53000
Konstrukteur/in	91000	77000	105000
Servicetechniker Sanitär/in	80000	68000	92000

*= Mindestlohn berücksichtigen

Ausbildungsberufe – Teil 4/4

Berufsbezeichnung	Durchschnitts-gehalt pro Jahr	Unteres Gehalt (-15%)	Oberes Gehalt (+15%)
	[CHF]	[CHF]	[CHF]
Bankangestellte/r	82000	70000	94000
Anlageberater/in	110000	94000	127000
Personalreferent/in	86000	73000	99000
Marketingreferent/in	92000	78000	106000
Assistenz der Geschäftsleitung	96000	82000	110000
Feuerwehrmann/-Frau	76000	65000	87000
Montagekontrolleur/in	109000	93000	125000
Objektbetreuer/in	93000	79000	107000
Immobilienmakler/in	70000	60000	81000
Mechatroniker/in	66000	56000	76000
Erzieher/in	59000	50000	68000
Konditor/in	61000	52000	70000
Automobilkauffrau/-Mann	84000	71000	97000
Fotograf/in	69000	59000	79000
Maler- & Lackierer/in	75000	64000	86000
Berufskraftfahrer/in	61000	52000	70000
Chemielaborant/in	70000	60000	81000
Zimmermann/-Frau	69000	59000	79000
Rechtsanwaltfachangestelle/r	68000	58000	78000

Akademische Berufe – Teil 1/2

Berufsbezeichnung	Durchschnitts-gehalt pro Jahr	Unteres Gehalt (-15%)	Oberes Gehalt (+15%)
	[CHF]	[CHF]	[CHF]
Ingenieur/in - Maschinenbau	109000	93000	125000
Ingenieur/in - Pharma	121000	103000	139000
Elektrotechniker/in	112000	95000	129000
Betriebswirt/in	107000	91000	123000
Wissenschaftler/in - Biologie	128000	109000	147000
Wissenschaftler/in - Chemie	141000	120000	162000
Wissenschaftler/in - Pharma	137000	116000	158000
Wissenschaftler/in - Physik	135000	115000	155000
Projektmanager/in	101000	86000	116000
Lehrer/in	88000	75000	101000
Architekt/in	77000	65000	89000
Oberarzt/Oberärztin	114000	97000	131000
Pilot/in (Erster Offizier)	77000	65000	89000
Tax Manager/in	140000	119000	161000
Polizist/in	83000	71000	95000
Journalist/in	86000	73000	99000
Jurist/in	109000	93000	125000
Anwalt/Anwältin	113000	96000	130000
Steuerberater/in = Treuhänder/in	81000	69000	93000

Akademische Berufe – Teil 2/2

Berufsbezeichnung	Durchschnitts-gehalt pro Jahr	Unteres Gehalt (-15%)	Oberes Gehalt (+15%)
	[CHF]	[CHF]	[CHF]
Analyst/in	86000	73000	99000
Assistenzarzt/-Ärztin	89000	76000	102000
Bauleiter/in	81000	69000	93000
Buchhalter/in	96000	82000	110000
Leiter/in Rechnungswesen	147000	125000	169000
Key-Account Manager/in	160000	136000	184000
Brand Manager/in	124000	105000	143000
Produktmanager/in	107000	91000	123000
Controller/in	108000	92000	124000
Volksschullehrer/in	99000	84000	114000
Informatiker/in	104000	88000	120000
Administrator/in (IT)	108000	92000	124000
IT Spezialist/in	119000	101000	137000
Leiter/in Finanzen	252000	214000	290000
Account Manager/in	98000	83000	113000
Montageleiter/in	110000	94000	127000
Sales Manager/in	105000	89000	121000
Statistiker/in	139000	118000	160000
Mathematiker/in	128000	109000	147000

Führungskräfte, Manager & Co. – Teil 1/1

Berufsbezeichnung	Durchschnitts-gehalt pro Jahr	Unteres Gehalt (-15%)	Oberes Gehalt (+15%)
	[CHF]	[CHF]	[CHF]
Supervisor - Pharma	145000	123000	167000
Teamleiter/in - Pharma	155000	132000	178000
Associate Director/in - Pharma	165000	140000	190000
Director/in - Pharma	179000	152000	206000
Head of IT	186000	158000	214000
Head of Production	146000	124000	168000
Head of Product Management	147000	125000	169000
Head of Human Resources	156000	133000	179000
Quality Lead	164000	139000	189000
Senior Consultant	128000	109000	147000
Key Account Manager/in	119000	101000	137000
Business Development Manager/in	121000	103000	139000
Richter/in	174000	148000	200000
Professor/in	204000	173000	235000
Wirtschaftsprüfer/in	136000	116000	156000
Unternehmensberater/in	144000	122000	166000
Verkaufsleiter/in	132000	112000	152000
Fluglotse	189000	161000	217000
Chefarzt/Chefärztin	173000	147000	199000

Ihr Nettolohn in der Schweiz – Viel brutto, viel netto

In diesem Kapitel ermitteln wir basierend auf Ihrem zukünftigen Schweizer Bruttolohn Ihren finalen Nettolohn. Die größte Besonderheit in der Schweiz im Vergleich zu Deutschland sind die <u>DEUTLICH</u> geringeren zu zahlenden Steuern. Gerade aus diesem Grund ist die Schweiz auch für Sie besonders interessant.

Wie würde Ihr Lohnzettel in der Schweiz aussehen? Ich vermute, ohne Ihren beruflichen Hintergrund zu kennen, dass Sie etwa 6000 bis 8000 CHF netto verdienen werden.

Nachfolgend sind die einzelnen Positionen erklärt, welche von Ihrem Bruttolohn abgezogen werden. Anschließend sehen Sie am Beispiel eines Elektroingenieurs/Elektroingenieurin den entsprechenden Schweizer Bruttolohn (Single, Zürich, Alter 30+, evangelisch), alle Abzüge und den finalen Nettolohn.

Was das für Sie ermittelte Schweizer Netto, die Kosten Ihres Lebensstandards auf die daraus resultierende jährliche Sparsumme bedeutet, besprechen wir in Kapitel „Fiktives Bruttogehalt in Deutschland
–
Der große Unterschied" Seite 67:

Das 13. Monatsgehalt ist hier nicht berücksichtigt, ebenso wenig wie ein möglicher Bonus. Für Ihre jährliche Sparsumme nehmen wir diese beiden Punkte in die finale Berechnung der jährlichen Sparsumme in Kapitel „Sparquote Schweiz", Seite 65 auf.

Begriffserklärung - Lohnabrechnung	Erklärung
Monatsgehalt:	1/12 Ihres ausgehandelten Jahresgehalts, 1/13 Ihres Jahresgehalts sofern Sie Weihnachtsgeld erhalten
Zusätzliches Grundentgelt:	Beispiel: Mitarbeiter-Awards, Zuzahlung zum Fitnessstudio, Andere geldwerte Vorteile
Gesamtbrutto:	Monatsgehalt + Zusätzliches Entgelt
AHV-Beitrag:	AHV = Säule 1 = Rente (Siehe Seite 54)
ALV-Beitrag:	Arbeitslosenversicherung
SV-Fonds Beitrag:	Sozialversicherungsbeitrag
PK-Beitrag Arbeitnehmer:	Pensionskasse = Säule 2 = Rente (Siehe Seite 54)
PK-Risikobeitrag Arbeitnehmer:	Pensionskasse: Finanzierung von Invaliditäts- und Todesfallleistungen
Quellensteuer:	Progressive Steuer, abhängig von der Höhe Ihres Lohns. Die ersten 5 Jahre zu zahlen (z.B. Aufenthaltsbewilligung B)
Gesamtnetto:	Monatliches Netto
Weitere Abzüge	Beispiel: Verzehr Kantine, Andere in Anspruch genommene Firmendienstleistungen
Auszahlung (netto):	Auszahlungsbetrag auf Ihr Konto

Ihre Lohnabrechnung - Lohnabrechnung Beispiel Elektroingenieur

	Monatsgehalt : 9231.00 CHF
	Zusätzliches Grundentgelt: 0.00 CHF
	Gesamtbrutto: 9231.00 CHF
	AHV-Beitrag (5.2750%): 486.95 CHF
	ALV-Beitrag (1.1000%): 101.55 CHF
	SV-Fonds Beitrag (0.0600%): 5.55 CHF
	PK-Beitrag Arbeitnehmer (4.1328%): 381.50 CHF
	PK-Risikobeitrag Arbeitnehmer (0.0082%): 76.30 CHF
	Quellensteuer (10.840%): 1016.25 CHF
	Gesamtnetto: 7178.50 CHF
	Verzehr Kantine: 68.00 CHF
Ihr Netto:_____	**Auszahlung (netto): 7710.50 CHF**

Ihr Nettogehalt liegt im Vergleich zu Deutschland deutlich höher. Damit wir Kaufkraft Ihres Lohns bewerten können, schauen wir uns nachfolgend die Kosten des Alltags an, welche Sie in der Schweiz erwarten.

Kosten im Alltag in der Schweiz – Eine Liste

Nun schauen wir uns zusammen die monatlichen Lebenshaltungskosten in der Schweiz an. Dabei werden Sie feststellen, dass in der Schweiz wie in Deutschland die Miete die größte Position ausmacht und richtig ins Geld gehen kann.

Gleichzeitig werden Sie merken, dass andere monatliche Ausgaben in ihrer Höhe vergleichbar mit Deutschland sind oder gar niedriger ausfallen.

Das trifft beispielsweise auf die Kosten des öffentlichen Nah- und Fernverkehrs zu, welche verhältnismäßig günstig sind. Auch der Strom ist mit 27 Rappen pro kWh (Stand: November 2022) deutlich günstiger im Vergleich zu 54 Cent pro kWh (Stand: November 2022) in Deutschland. Die Höhe der Nebenkosten ist je nach Wohnung ebenfalls mit Deutschland vergleichbar. Selbiges gilt für die Kosten der Autoversicherung. Auch beim Thema tanken sind die Preise relativ ähnlich, ein Liter Benzin lag im November 2022 bei 1.89 CHF im Vergleich zu 1.94 Euro pro Liter in Deutschland. Durch die ähnlichen Kraftstoffpreise ist aufgrund des hohen Schweizer Lohns Autofahren für Sie verhältnismäßig günstiger.

Berechnen Sie nun in der nachfolgenden Tabelle ihre monatlichen Ausgaben.

Dabei hilft Ihnen:
-Höhe Ihrer Mietkosten: Siehe Kapitel „Und jetzt die Mieten – Ihre Kosten", Seite 48
-Essen gehen: Siehe Kapitel „Essen Gehen in der Schweiz", Seite 34

Beispiele für Anbieter inklusive Rabattcodes für einen Schweizer Handyvertrag, Internet/Telefon, Haftpflichtversicherung, Autoversicherung finden Sie in Kapitel „Rabattcodes - Girokonto, Versicherungen & Co.", Seite 82.

Ihre Ausgaben pro Monat [CHF]	Ausgabenbezeichnung (Schweizer Preisbeispiele)
	Warmmiete: ~825 CHF (2 Personen: ~1650 CHF)
	Nebenkosten: ~25 CHF(2 Personen: ~50 CHF)
	Strom: ~25 CHF
	Öffentlicher Nahverkehr (Mehrfahrtenkarte): ~65 CHF
	Handyvertrag: ~40 CHF
	Internet/Telefon: ~25 CHF(2 Personen: ~50 CHF)
	Rundfunkbeitrag (Serafe): ~28 CHF
	Haftpflichtversicherung: ~ 6 CHF
	Unfallversicherung: Über den Arbeitgeber abgedeckt
	Berufsunfähigkeitsversicherung: ~50 CHF*
	Autoversicherung: ~65 CHF (Pauschale Annahme)
	Müllgebühren: ~16 CHF (8x35L Säcke à 2 CHF)
	Netflix/Amazon/DAZN/etc. Abo: ~30 CHF (2x Abos)
	Sportverein/Fitnessstudio: ~40 CHF
	Tanken/Sprit: ~142 CHF (1000 km = 7.5 L pro 100 km)**
	Klamotten: ~80 CHF
	Essen gehen: ~120 CHF (Ermittelt auf Seite 34)
	Ungeplantes: ~90 CHF
	Parkgebühren Anwohner (blaue Zone): ~30 CHF***
	Verkehrsabgabe: ~18 CHF****
	Sonstiges:_____
	Sonstiges:_____
Total:_____	**Total: 1750 CHF (Ausgaben pro Monat)**

*= Wichtig: Übernahme der Berufsunfähigkeitsversicherung von Deutschland mit in die Schweiz. Höhe abhängig vom Beruf und der Versicherungssumme
** = Benzinpreis: 1.89 CHF pro Liter
*** = Jahresgebühren in Zürich, 365 CHF pro Jahr (Stand: 2022)
****= Abhängig von Ihrem Auto, 218 CHF pro Jahr (hier: Toyota)

Notizen

Krankenversicherung – Franchise, Kosten & Arztmodell

In der Schweiz wird der Betrag für die Krankenversicherung nicht automatisch vom Arbeitgeber vom Bruttogehalt abgezogen, sie tätigen die Überweisung an die Krankenkasse Ihrer Wahl eigenständig. Dabei steht Ihnen eine Vielzahl an Krankenversicherungen zur Auswahl, welche Sie jährlich wechseln können. Bitte beachten Sie dazu die entsprechende Kündigungsfrist. Die Kündigung muss bis zum 30. November des Jahres erfolgen. Die Krankenversicherung in der Schweiz stellt eine Grundversicherung wie in Deutschland dar, beinhaltet aber keine zahnspezifischen Kosten bei einem Zahnarzt oder einem Kieferorthopäden.

Wie Sie wissen, wird das Wort Eigenverantwortung in der Schweiz großgeschrieben. Sie ernähren sich gesund, machen Sport und kümmern sich aktiv um Ihre Gesundheit. Das wird durch das Schweizer Krankenversicherungswesen belohnt.

Sie sind nie krank und nie beim Arzt? Dann müssen Sie auch weniger zahlen.

Sie sind immer mal wieder oder chronisch krank? Keine Sorge, Sie sind über das soziale Netz abgesichert.

Der Monatsbeitrag bzw. Versicherungsbeitrag wird in der Schweiz auch Krankenkassenprämie genannt und ist abhängig von der durch Sie jährlich neu gewählten Jahresfranchise. Zusätzlich fällt in Abhängigkeit der jährlich anfallenden Gesundheitskosten ein gedeckelter Selbstbehalt an.

Monatsbeitrag* [CHF]	Jahresfranchise Erwachsene [CHF]	Selbstbehalt pro Jahr, 10% pro Rechnung [CHF]
~406**	300	Max. 700***
~395**	500	Max. 700***
~367**	1000	Max. 700***
~341**	1500	Max. 700***
~323**	2000	Max. 700***
~287**	2500	Max. 700***

* = Abhängig von Ihrer Krankenversicherung und dem Versicherungsmodell
** = Näherungswerte, Telmed, Erwachsener, Zürich, Stand: Oktober 2022
*** = Maximal 350 CHF für Kinder

Nach Überschreitung Ihrer Jahresfranchise von z.B. 300 CHF durch diverse Arztbesuche werden für jeden weiteren Arztbesuch 10% sowie pro Medikamentenkauf 10% bis 20% der Rechnung als Selbstbehalt fällig. Der Selbstbehalt ist auf 700 CHF für Erwachsene und auf 350 CHF für Kinder pro Jahr gedeckelt.

Beispiel:
Ihre Behandlungskosten in einem Jahr betragen 1400 CHF. Davon bezahlen Sie 300 CHF Franchise sowie 10% Selbstbehalt der übrigen Summe. Das sind insgesamt 410 CHF (1400 CHF - 300 CHF = 1100 CHF, 10% von 1100 CHF = 110 CHF)

Das heißt, folgende minimale bzw. maximale Kosten je nach Monatsbeitrag, Franchise und Selbstbehalt erwarten Sie, zusammengefasst in der nachfolgenden Tabelle

Monatsbeitrag* [CHF]	Jahresfranchise Erwachsene [CHF]	Selbstbehalt [CHF]	Gesamtkosten pro Jahr [CHF]
~406**	300	700	5872
~287**	2500	700	6644

* = Abhängig von Ihrer Krankenversicherung und dem Versicherungsmodell
** = Näherungswerte, Telmed, Erwachsener, Zürich, Stand: Oktober 2022

Folgende Versicherungsmodelle stehen Ihnen zur Auswahl und beeinflussen die Höhe Ihres Monatsbeitrags:

Freie Arztwahl-Modell:
Sie können im Krankheitsfall jeden Arzt ihrer Wahl im Wohnkanton aufsuchen.

Hausarzt-Modell:
Der ausgewählte Hausarzt ist Ihre erste Anlaufstelle.

Ärztenetz, Gruppenpraxis oder Gesundheitszentrum-Modell:
Der entsprechende Arzt, den Sie auf der Ärzteliste ausgewählt haben, ist Ihre erste Anlaufstelle.

Telmed-Modell:
Tätigung eines Beratungsgesprächs mit einem Telemedizin Partner vor jeglicher Terminvereinbarung beim Arzt (24/7).

Folgende Größenordnung an Kosten für Arztbesuche und medizinische Dienstleistungen können Sie erwarten. Wie erwähnt: Der fällige Betrag wird dabei von Ihrer jährlichen Franchise abgezogen. Ist die Franchise aufgebraucht, sind 10% Selbstbehalt pro Rechnung bis zu 700 CHF pro Kalenderjahr durch Sie zu zahlen.

Fälliger Betrag [CHF]	Medizinische Behandlung
~330	Blutbild - Groß
~120	Blutbild - Parameter Screening
~85	Hausarzt - Untersuchung
~160	HNO - Untersuchung
~130	Dermatologie - Untersuchung
~320	Orthopäde - Untersuchung + Röntgen
~185	Chiropraktiker - Untersuchung + Einrenkung

Essen Gehen in der Schweiz – Der Kostenblock

Sollten Sie in die Schweiz auswandern und regelmäßig auswärts essen gehen, dann werden Sie schnell merken, dass das ganz schön ins Geld gehen kann. Für Ihre monatliche Ausgabenberechnung überschlagen wir hier, wie viel Geld Sie fürs Essen gehen einplanen müssen.

Generell kann man festhalten, dass die Gastronomiepreise etwa um den Faktor zwei höher als in Deutschland liegen. Preise für Fleischgerichte liegen häufig noch höher, abhängig von der Herkunft und Qualität des Fleisches.

Trinkgeld ist in der Abschlussrechnung noch nicht enthalten. Dessen Höhe ist wie in Deutschland abhängig vom Betrag, bis zu 10% sind angemessen. Sie müssen aber in der Schweiz kein Trinkgeld geben, anders wie z.B. in den USA.

Das heißt also: Unter der Woche mit Freunden in einen Irish Pub zum Fußball schauen gehen, kostet Sie bei einem Burger mit Pommes und drei 0.5 L Bier inklusive Trinkgeld direkt einmal 55 CHF. Mit der vierköpfigen Familie essen gehen macht bei einem bürgerlichen Hauptgericht und jeweils einem Getränk pro Person inklusive Trinkgeld 160 bis 180 CHF.

Berechnen Sie an dieser Stelle Ihre monatlichen Ausgaben für das auswärts Essen gehen und tragen Sie den Wert in die nächsten drei Tabellen ein.
Bitte bleiben Sie dabei in Ihrer Angabe realistisch, wie oft sind Sie unter der Woche wirklich extern essen?

Das würden Sie im Restaurant pro Monat bestellen [CHF]	Artikel	Betrag [CHF}
	Wasser (0.3 L)	3.00
	Wasser (0.5 L)	4.50
	Bier klein (0.3 L)	5.00
	Bier groß (0.5 L)	8.00
	Saftschorle (0.5 L)	5.00
	Saft (0.2 L)	4.50
	Limonaden/Erfrischungsgetränke	5.00
	Wein (0.25 L)	7.50
	Cocktail	12.00-22.00
	Sekt (0.1 L)	7.00
	Energy Trink (0.25 L)	6.00
	Kaffee/Milchkaffee/Cappuccino	4.50 - 5.50
	Espresso	4.50
	Tee	6.00
	Kaffee/Milchkaffee/Cappuccino	5.00
	Kaffee/Milchkaffee/Cappuccino	5.00
	Eiskaffee/Eisschokolade	12.00
	Gemischter Vorspeisensalat	13.00
	Vorspeisensuppe	12.00
	Käse-Wurstplatte	26.00
	Wurstsalat	19.00
	Italienisch: Pizza, Pasta, Lasagne	22.00-25.00
	Gut bürgerlich: Fleisch + Beilage (Schnitzel, Cordon Bleu, Braten)	36.00-48.00

Das würden Sie im Restaurant pro Monat bestellen [CHF]	Artikel	Betrag [CHF}
	Asiatisch: Curry, Reisgerichte	25.00-29.00
	Burger + Pommes	25.00 - 27.00
	Sushi All you can eat (pro Person)	55.00
	Griechisch	18.00-25.00
	Gemischter Vorspeisensalat	13.00
	Vorspeisensuppe	12.00
	Käse-Wurstplatte	26.00
	Wurstsalat	19.00
	Asiatisch: Curry, Reisgerichte	25.00-29.00
	Poke Bowl	25.00
	Bio-Rindstatar	25.00
	Döner	13.00
	Dönerteller/	17.00
	Halbes Hähnchen + Pommes	15.00
	Fleischkäse mit Beilage	25.00
	Falafel mit Pommes	13.00
	Steak 180g	39-00-55.00
	Fischgerichte (verschiedene)	32.00-45.00
	Pilz-Risotto	35.00
	Schweineschnitzel + Pommes	40.00
	Cordon Bleu + Bratkartoffeln	42.00
	Spare Ribs	34.00
	Poke Bowl	25.00

Das würden Sie im Restaurant pro Monat bestellen [CHF]	Artikel	Betrag [CHF}
	Kindereisbecher	7.00
	Schokoladenkuchen mit Eiscreme	15.00
	Crème brûlée	12.50
	Sorbet (verschiedene Sorten)	5.50
	Apfelstrudel	14.00
	Meringue mit Sahne	7.50
	Bananensplit mit Eis und Sahne	12.00
	Tiramisu	13.50
	Kindereisbecher (3 Kugeln)	8.00
	Schokoladenkuchen mit Eiscreme	15.00
Total:_____	**Total: Ausgaben pro Monat**	

Die hier ermittelten Ausgaben fürs auswärts Essen gehen tragen Sie in die Ermittlung der Freizeitkosten im nächsten Kapitel ein.

Freizeit in der Schweiz – Das wird sie kosten

Neben all der Arbeit darf Ihre Freizeit nicht zu kurz kommen. Die Freizeitgestaltung ist natürlich stark abhängig von Ihren Wünschen und Ihrer aktuellen Lebensphase. Dabei wollen Sie Ihren Akku wieder aufladen, relaxen, Abenteuer und Spaß haben.

Spaß haben muss nicht zwingend Geld kosten. Die wichtigen Dinge im Leben sind bekanntermaßen nicht mit Geld zu kaufen.

Für alle anderen Wünsche erarbeiten wir hier Ihre geschätzten monatlichen Ausgaben für Ihre Freizeitgestaltung. Die Ausgaben gehen in die Berechnung der monatlichen bzw. jährlichen Sparsumme ein (Kapitel „Sparquote Schweiz", Seite 65).

Wie bereits erwähnt ist im Vergleich zu Deutschland hervorzuheben, dass die Kosten für den öffentlichen Nahverkehr ähnlich und damit relativ günstig ausfallen. Innerhalb der Schweiz bewegen Sie sich also zu fairen Preisen. Gleiches gilt auch für den Preis von einem Liter Benzin, welcher zeitweise sogar niedriger lag wie in Deutschland. Interessanterweise ist in der Schweiz ein Liter Diesel deutlich teurer als ein Liter Benzin.

Andere Freizeitaktivitäten sind im Vergleich zu Deutschland um etwa den Faktor 1.5 bis 2.0 teurer. Aus deutscher Sicht sind vor allem Lift- & Gondelpreise besonders teuer, an welche Sie sich aber nach und nach gewöhnen werden.

Tragen Sie nun in der nachfolgenden Tabelle Ihre wöchentlichen und anschließend monatlichen Freizeitkosten ein. Bitte bleiben Sie auch hier wieder einmal realistisch, um Ihre Ausgaben nicht zu hoch anzusetzen.

Beantworten Sie dabei die Frage, wie oft Sie aktuell Montag- bis Donnerstagabend nach der Arbeit noch wirklich in die Stadt für ein Theater- oder einen Kinobesuch aufbrechen und wie viel Wochenende Sie tatsächlich on-tour sind.

Kosten für Sie? [CHF]	Freizeitaktivität – Kosten pro Woche
	Essen gehen (Wert von Seite 34): ~35 CHF
	Einzelticket ÖVV (1-2 Zonen): ~4.40 CHF 24 Stunden Ticket ÖVV (1-2 Zonen): ~7.20 CHF ÖVV Jahresabo (1-2 Zonen)*: ~15 CHF / Woche
	Eintritt Diskothek: ~20 CHF
	Taxifahrt (5 km): ~40 CHF
	Taxifahrt – Internationaler Dienstleiter (5 km): ~22 CHF
	Zoobesuch: ~28 CHF
	Theaterbesuch: ~20-100 CHF
	Museumsbesuch: ~29 CHF
	Kinobesuch: ~19 CHF
	Popkorn + Cola im Kino: ~6 CHF + ~5 CHF
	Schwimmbad Eintritt: ~8 CHF
	2 Kugeln Eis: ~6 CHF
	Gondelfahrt Berg: ~40-60 CHF
	Skipass 1 Tag: ~40-60 CHF
	Zugfahrt Zürich-Basel: ~12-18 CHF
	Benzin: 100 km = 13 CHF (grobe Annahme)
	Generalabonnement (Bahncard 100): 74 CHF / Woche**
	Halbtax: 3 CHF / Woche**
	Sonstiges:_____
	Sonstiges:_____
	Sonstiges:_____
Total:_____	Total: ~200 CHF (Ausgaben pro Woche)
Total:_____	Total: ~800 CHF (Ausgaben pro Monat = x4)

*= ÖVV Jahresabo (1-2 Zonen): ~780 CHF / Jahr;
= Generalabonnement (Bahncard 100): 3860 CHF / Jahr; *= Halbtax: 165 CHF / Jahr

Preise im Supermarkt & Ihre jährlichen Lebensmittelkosten

Sie verdienen Ihr Geld in der Schweiz, daher gehen Sie auch einkaufen in der Schweiz. Falls das zutrifft und Sie nicht Schaffhausen, Kreuzlingen oder Weil am Rhein um die Ecke haben, möchten Sie nun verstehen, was Sie monatlich bzw. jährlich für Lebensmittel, Verbrauchsartikel und Co. einplanen müssen.

Vom gesellschaftlichem Empfinden her sehen es Schweizer eher ungern, wenn ausländische Arbeitnehmer, angestellt in der Schweiz, im Ausland anstatt in der Schweiz einkaufen. Ob diese Meinung auf die Mehrheit der Schweizer eintritt und ob Sie sich davon unter Druck setzen lassen, entscheiden Sie.

Nachfolgend finden Sie eine Übersicht zu Schweizer Preisen von deutschen und Schweizer Discountern. Preise sind generell natürlich nur Momentaufnahmen und dienen als grober Richtwert, einen 100% korrekten Wert werden wir nicht ermitteln können.

Im Allgemeinen werden Sie feststellen, dass die Schweizer Preise im Vergleich zu Deutschland um etwa 50% bis 300% höher liegen. Dabei ist vor allem Obst und Gemüse relativ günstig, Fleisch und Drogerieartikel sind deutlich teurer.

Hier nicht gelistete elektronische Artikel wie Handys, Tablets, Fernseher, Laptops und Computer sind interessanterweise häufig ähnlich vom Preis wie in Deutschland.

Obst & Gemüse – Kosten in der Schweiz

Ihre Kosten [CHF]	Artikel	Betrag Deutsche Discounter [CHF}	Betrag Schweizer Discounter [CHF]
	Äpfel (pro kg)	3.00	3.60
	Bananen (pro kg)	1.40	2.40
	Weintrauben (pro kg)	2.70	3.10
	Orangen (2 kg)	2.80	4.30
	Kiwi (pro Stück)	0.70	0.80
	Mango (pro Stück)	1.70	2.50
	Pflaumen (pro kg)	2.00	4.70
	Grapefruit (pro Stück)	0.70	0.90
	Honigmelone (pro Stück)	3.00	4.50
	Tomaten (pro kg)	3.00	4.20
	Kartoffeln (2 kg)	2.50	4.50
	Gurke (pro Stück)	1.30	1.40
	Zwiebeln (pro kg)	1.70	2.10
	Knoblauch (pro Stück)	0.50	0.60
	Erdbeeren (250 g)	2.00	4.95
	Mandarinen (pro kg)	1.80	5.50
	Zucchini (pro kg)	2.50	3.00
	Aubergine (pro kg)	2.50	3.00
--> <--	<----- Total: Ihre Ausgaben pro Monat in CHF		

Milchprodukte – Kosten in der Schweiz

Ihre Kosten [CHF]	Artikel	Betrag Deutsche Discounter [CHF}	Betrag Schweizer Discounter [CHF]
	Milch (1 L)	1.50	2.00
	Milch laktosefrei (1 L)	2.00	2.00
	Kondensmilch (0.2 L)	3.00	3.00
	Joghurt Natur (500 g)	1.30	1.50
	Joghurt laktosefrei (150 g)	0.70	0.70
	Kaffeegetränk kalt (0.25 L)	1.00	3.00
	Joghurtdrink (0.25 L)	1.60	1.80
	Butter (500 g)	3.40	4.00
	Quark (250 g)	1.50	1.80
	Käseaufschnitt (400 g)	3.50	4.00
	Käse am Stück	3.00-6.00	3.50-8.00
	Käse gerieben (300 g)	1.90	3.00
	Frischkäse (150 g)	1.50	3.00
	Hirtenkäse (150 g)	1.80	3.50
	Sahne (250 mL)	1.40	1.80
	Sprühsahne	3.80	4.00
	Margarine (500 g)	1.90	2.50
	Laktosefreie Sahne (250 mL)	2.10	2.70
--> <--	<----- Total: Ihre Ausgaben pro Monat in CHF		

Getreideprodukte – Kosten in der Schweiz

Ihre Kosten [CHF]	Artikel	Betrag Deutsche Discounter [CHF}	Betrag Schweizer Discounter [CHF]
	Weißbrot frisch (Laib) (500 g)	2.50	2.90
	Vollkornbrot frisch (Laib) (500 g)	3.70	4.00
	Brot vorgeschnitten + abgepackt	2.00	3.00
	Brot glutenfrei (400 g)	4.40	5.00
	Brötchen hell (pro Stück)	0.50	0.90
	Brötchen zum Aufbacken (6 Stück)	1.50	2.50
	Toastbrot (pro Packung)	1.20	2.00
	Knäckebrot (pro Packung)	1.00	2.50
	Haferflocken (500 g)	1.00	1.00
	Müsli Fertigmischung	3.00	4.00
	Müsliriegel (200 g)	2.00	3.00
	Nudeln **(500 g)**	1.50	2.00
	Nudeln glutenfrei (500 g)	1.70	4.40
	Zwieback (pro Packung)	2.00	4.00
	Brezel (1 Stück)	0.35	1.10
	Laugenbrötchen (1 Stück)	0.40	1.20
	Croissant (1 Stück)	0.70	1.00
	Lasagneplatten (500 g)	2.00	3.95
--> <--	<----- **Total: Ihre Ausgaben pro Monat in CHF**		

Fisch & Fleisch – Kosten in der Schweiz

Ihre Kosten [CHF]	Artikel	Betrag Deutsche Discounter [CHF}	Betrag Schweizer Discounter [CHF]
	Hackfleisch gemischt (500 g)	5.95	5.95
	Hackfleisch Rind (500 g)	11.00	11.00
	Bio Hackfleisch (500 g)	13.00	13.00
	Fleischkäse zum Backen (600 g)	6.00	11.10
	Hähnchenschnitzel paniert (pro kg)	13.30	14.50
	Hähnchenschenkel natur (pro kg)	8.10	8.10
	Chicken Nuggets (pro kg)	10.40	10.40
	Cordon Bleu tiefgefroren (pro kg)	11.20	15.30
	Schweinsgeschnetzeltes (pro kg)	14.90	14.90
	Schweinesteak (300 g)	5.95	6.00
	Schinken (100 g)	2.75	2.75
	Schinkenwürfel (200 g)	4.10	4.80
	Mortadella Aufschnitt (150 g)	4.25	5.00
	Lachsfilet tiefgefroren (400 g)	14.95	14.95
	Lachsforelle (100 g)	3.00	7.00
	Thunfisch in Öl (200 g)	2.40	4.10
	Thunfisch Salat fertig (250 g)	2.95	5.50
	Heringsfilet Dose (200 g)	2.00	2.10
--> <--	<----- Total: Ihre Ausgaben pro Monat in CHF		

Süßigkeiten – Kosten in der Schweiz

Ihre Kosten [CHF]	Artikel	Betrag Deutsche Discounter [CHF}	Betrag Schweizer Discounter [CHF]
	Schokolade (pro Tafel 100 g)	0.60	0.60
	Bio Schokolade (pro Tafel 100 g)	1.80	2.00
	Vegane Schokolade (pro Tafel 100 g)	1.20	4.00
	Schokolinsen (100 g)	1.60	1.80
	Waffelröllchen	1.50	3.50
	Eiscreme Vanille (1 L)	2.90	4.60
	Fruchtgummi (200 g)	1.20	1.20
	Fruchtgummi sauer (200 g)	1.70	2.50
	Butterkekse (200 g)	0.90	1.60
	Studentenfutter (200 g)	1.50	2.50
	Chips Paprika (300 g)	2.60	3.00
	Marshmallows (300 g)	1.50	3.50
	Spekulatius (500 g)	1.65	2.05
	Kaugummi Dragees (150 g)	1.99	2.50
	Doppelkeks mit Schokolade (500 g)	1.70	1.70
	Lollis (100 g)	1.60	2.70
	Apfelringe sauer (200 g)	1.00	2.30
	Müsliriegel (200 g)	2.00	2.00
--> <--	<----- Total: Ihre Ausgaben pro Monat in CHF		

Getränke – Kosten in der Schweiz

Ihre Kosten [CHF]	Artikel	Betrag Deutsche Discounter [CHF}	Betrag Schweizer Discounter [CHF]
	Wasser 6er Pack	2.20	2.00
	Limonaden/Erfrischungsgetränke (1.50 L)	0.60	0.60
	Orangensaft (1.0 L)	1.95	1.95
	Energy Drink (0.2 L, No Brand)	0.50	1.50
	Wein (1.0 L)	2.95	2.95
	Bier - Dose (0.50 L)	0.50	1.10
	Bier alkoholfrei - Dose (0.50 L)	0.50	1.60
	Kaffeekapseln (20x)	3.30	4.95
	Kaffee löslich (100 g)	3.90	4.90
	Kaffee gemahlen (500 g)	3.50	4.95
	Eistee (1.50 L)	0.60	0.65
	Gemüsesäfte (z.B. Tomate, Karotte, 1.0 L)	1.80	3.50
	Saft Drinkpäckchen (14 Stück)	3.00	7.30
	Sirup -Verschiedene (500 mL)	3.00	3.90
	Glühwein (0.7 L)	2.40	2.50
	Sekt (0.7 L)	3.95	7.00
	Wodka (0.7 L)	10.95	16.00
	Kräuterlikör (1.0 L)	19.00	25.00
--> <--	<----- Total: Ihre Ausgaben pro Monat in CHF		

Verbrauchsartikel – Kosten in der Schweiz

Ihre Kosten [CHF]	Artikel	Betrag Deutsche Discounter [CHF]	Betrag Schweizer Discounter [CHF]
	Toilettenpapier (3-lagig, 20 Rollen)	6.00	9.00
	Toilettenpapier feucht (100 Blatt)	1.00	2.00
	Küchenrolle (4 Rollen)	3.00	3.50
	Spülmittel (450 mL))	2.95	4.50
	Spülmaschinentabs (100 Stück)	7.00	7.00
	Taschentücher (4-lagig, 30 Pack)	2.80	3.00
	Waschmittel flüssig	4.00	5.90
	WC-Reiniger	3.00	3.50
	Einmalhandschuhe (4 Stück)	1.50	1.50
	Scheuermilch	1.90	1.90
	Glasreiniger	1.45	1.45
	Servietten (30 Stück)	0.85	0.95
	Wattestäbchen	0.90	0.90
	Duftteelichter (18 Stück)	1.90	3.00
	Hygienespray (1 Stück)	4.50	5.00
	Batterien (AA, 8 Stück)	5.00	5.00
	Zahnpasta (100 mL)	0.60	1.90
	Duschgel (0.3 L)	1.20	1.90
-->	<--	<----- Total: Ihre Ausgaben pro Monat in CHF	
-->	<--	<----- Total Gesamt: Alle Ausgaben pro Monat in CHF*	

*=Alle Ausgaben der Tabelle summiert. Alternativ nehmen Sie eine monatliche Pauschale an

Und jetzt die Mieten – Ihre Kosten

Die Mieten in der Schweiz haben es aus deutscher Sicht in sich, gerade in Städten wie Zürich, Basel und Bern. Dennoch sind diese in Relation zum Gehalt zu setzen, dann sieht das Bild schon wieder ganz anders aus. Und ganz klar, die Miete ist in der Schweiz natürlich der größte Kostenblock. Lassen Sie sich von den Preisen nicht verunsichern. Auch der Weg bis zum finalen Mietvertrag ist je nach Wunschlage oft zäh und erfordert viele Wohnungsbesichtigungen.

Bei der Wohnungssuche ist es manchmal wie bei der Jobsuche, Sie müssen 10-30 Bewerbungen schreiben, am Ende ist der eine Job bzw. die eine Wohnung dabei. Vielleicht kann es auch viel schneller gehen, man darf auch mal Glück haben. Lassen Sie sich nicht entmutigen.

Einen Einblick in die Mieten erhalten Sie in den nachfolgenden Tabellen.

Unterkunft	Stadt	Lage	Größe	Kosten [CHF]
WG-Zimmer (3er WG)	Zürich	Central	20 m²	900 - 1200 (Monat)
WG-Zimmer (3er WG)	Zürich	Umland	20 m²	800 - 1100 (Monat)
Hotel - Günstig	Zürich	Central	EZ*	100 - 120 (pro Nacht)
Hotel - Normal	Zürich	Central	EZ*	110 - 150 (pro Nacht)
Hotel - Günstig	Zürich	Umland	EZ*	80 - 100 (pro Nacht)
Hotel - Normal	Zürich	Umland	EZ*	90 - 120 (pro Nacht)
AirBnB	Zürich	Central	Wohnung	110 - 160 (pro Nacht)
Ferienwohnung	Umland	Umland	Wohnung	70 - 90 (pro Nacht)
Campingplatz	Umland	Umland	N/A	Saison- und Personenabhängig

*= EZ: Einzelzimmer

Mietpreise in Zürich

Ihre Mietkosten? [CHF}	Stadt	Lage	Größe	Kosten
	Zürich	Central	40 m²	2000 CHF +-10%
	Zürich	Central	50 m²	2300 CHF +-10%
	Zürich	Central	60 m²	2500 CHF +-10%
	Zürich	Central	70 m²	2700 CHF +-10%
	Zürich	Central	80 m²	3400 CHF +-10%
	Zürich	Central	90 m²	3900 CHF +-10%
	Zürich	Umland	40 m²	1500 CHF +-10%
	Zürich	Umland	50 m²	1600 CHF +-10%
	Zürich	Umland	60 m²	1900 CHF +-10%
	Zürich	Umland	70 m²	2000 CHF +-10%
	Zürich	Umland	80 m²	2100 CHF +-10%
	Zürich	Umland	90 m²	2200 CHF +-10%

ZURICH | SKYLINE

Mietpreise in Basel

Ihre Mietkosten? [CHF}	Stadt	Lage	Größe	Kosten
	Basel	Central	40 m²	1700 CHF +-10%
	Basel	Central	50 m²	1900 CHF +-10%
	Basel	Central	60 m²	2000 CHF +-10%
	Basel	Central	70 m²	2200 CHF +-10%
	Basel	Central	80 m²	2700 CHF +-10%
	Basel	Central	90 m²	3000 CHF +-10%
	Basel	Umland	40 m²	1400 CHF +-10%
	Basel	Umland	50 m²	1500 CHF +-10%
	Basel	Umland	60 m²	1600 CHF +-10%
	Basel	Umland	70 m²	1800 CHF +-10%
	Basel	Umland	80 m²	2000 CHF +-10%
	Basel	Umland	90 m²	2200 CHF +-10%

Mietpreise in Bern

Ihre Mietkosten? [CHF}	Stadt	Lage	Größe	Kosten
	Bern	Central	40 m²	1300 CHF +-10%
	Bern	Central	50 m²	1500 CHF +-10%
	Bern	Central	60 m²	1800 CHF +-10%
	Bern	Central	70 m²	2000 CHF +-10%
	Bern	Central	80 m²	2300 CHF +-10%
	Bern	Central	90 m²	2500 CHF +-10%
	Bern	Umland	40 m²	1100 CHF +-10%
	Bern	Umland	50 m²	1400 CHF +-10%
	Bern	Umland	60 m²	1500 CHF +-10%
	Bern	Umland	70 m²	1600 CHF +-10%
	Bern	Umland	80 m²	1900 CHF +-10%
	Bern	Umland	90 m²	2200 CHF +-10%

Rente Deutschland vs. Schweiz

Welche Rente ist höher – die Deutsche oder die Schweizer Rente? Hier müssen wir natürlich aufpassen, dass wir nicht Äpfel mit Birnen vergleichen. Dennoch kann vorweggenommen werden, dass in absoluten Zahlen die Schweizer Rente „natürlich" höher liegt.

Die Hypothese: In der Schweiz zu arbeiten und Rentenansprüche aufzubauen lohnt sich langfristig immer, auch wenn Sie nur wenige Jahre in der Schweiz tätig sind. Was aber bedeutet es in der Praxis, wenn Sie für ein paar Jahre das deutsche Rentensystem verlassen und nach Jahren wieder einsteigen. Dasselbe gilt für das Schweizer Rentensystem, unter der Annahme, dass Sie nach z.B. fünf Jahren die Schweiz wieder verlassen und zurück nach Deutschland gehen sollten.

Vorab müssen wir Ihre aktuelle Situation klären:
Sie sind Arbeitnehmer in Deutschland? Dann erhalten Sie jährlich Ihren Rentenauszug und damit Ihre Übersicht über die erarbeiteten Rentenpunkte. Für jeden Rentenpunkt erhalten Sie einen festgelegten Betrag monatlich, als Beispiel 36,02 Euro. Ein Rentenpunkt erhalten Sie, sofern Sie 38901 € brutto im Jahr verdienen (Stand: 2022, Westdeutschland). Maximal 2,17 Rentenpunkte können Sie sich pro Jahr erarbeiten, basierend auf einer Beitragsbemessungsgrenze der gesetzlichen Rentenversicherung von 84600 Euro.

Wie viel brutto pro Jahr verdienen Sie aktuell, wievielte Rentenpunkte haben Sie sich bereits erarbeitet? Überschlagen Sie grob wie viel Rentenpunkte Sie sich insgesamt bis zur Rente mit 67 Jahren in Deutschland erarbeitet haben werden. Multiplizieren Sie die Rentenpunkte mit 36,02 Euro. Der erhaltene Wert wäre als Annäherungsbeispiel Ihre heutige Rente, würden Sie heute Rentner sein. Ist der Betrag hoch oder niedrig? Falls hoch, dann arbeiten Sie vermutlich seit Sie 16 Jahre alt sind und haben schnell Karriere gemacht und gut verdient. Falls niedrig, was können Sie für eine bessere Rente tun?

Dass der Betrag, welchen Sie für einen Rentenpunkt erhalten regelmäßig um z.B. 2.2%, manchmal 5% oder ähnlich erhöht wird, ist für Sie in diesem Beispiel unwichtig. Diese Anpassung ist eine reine Inflationsanpassung und erhöht im Mittel nicht Ihre Kaufkraft, da die Preise bis Sie 67 Jahre alt sind in einer ähnlichen Größenordnung steigen. Sie haben diesen Prozess nicht in der Hand, kümmern Sie sich um Dinge, die Sie wirklich kontrollieren können.

Sie wissen nun, welche Rente bzw. welche Kaufkraft Sie mit 67 Jahren schätzungsweise haben werden. Machen Sie sich zusätzlich mit der Rentenformel vertraut, um zu verstehen, welche zusätzliche Abschläge sowie welche Steuern auf Sie zukommen.

Ihre erarbeiteten Rentenpunkte in Deutschland behalten Sie, sollten Sie das Land als Arbeitnehmer verlassen, sich beim Bürgeramt abmelden und in der Schweiz als Arbeitnehmer tätig werden. Kehren Sie nach z.B. 5 Jahren nach Deutschland zurück und arbeiten Sie dort bis zur Rente, erhalten Sie für die Zeit in der Schweiz keine deutschen Rentenpunkte, sondern nur die Renten- und Vorsorgeleistungen, die Sie in der Schweiz erarbeitet haben. Das macht natürlich Sinn, da Sie in der Zeit keine Rentenbeiträge in Deutschland, sondern in der Schweiz bezahlt haben. Bei Rentenantritt erhalten Sie also Ihre deutsche Rente sowie Ihre „Schweizer Rente".

Wie Sie wissen: Wenn Sie die verschiedenen Renten beziehen, müssen Sie Steuern zahlen. Damit Sie hier nicht doppelt zur Kasse gebeten werden, gibt es ein Doppelbesteuerungsabkommen zwischen Deutschland und der Schweiz. Das Schlagwort wäre hier das „Abkommen zwischen der Bundesrepublik Deutschland und der Schweizerischen Eidgenossenschaft zur Vermeidung der Doppelbesteuerung auf dem Gebiete der Steuern von Einkommen und Vermögen". Ein Pro-Argument für die Schweiz, das Thema Rente ist kein Show-Stopper, im Gegenteil.

Wie die Schweizer Rente funktioniert und welche Vorteile Sie Ihnen bieten kann, wird im nächsten Kapitel erklärt.

Altersvorsorge in der Schweiz - Säule 1 bis 3

Falls Sie in die Schweiz auswandern wollen, müssen Sie zwingend das Rentensystem verstehen. Selbiges ist leicht nachzuvollziehen und weißt im Vergleich zu Deutschland viele Vorteile auf. In der Schweiz gibt es drei verschiedene Säulen, die wesentlichen Punkte sind nachfolgend übergeordnet beschrieben, weitere fachspezifische Details sind aufgrund Ihrer Komplexität nicht genannt. Das gilt vor allem für die Altersvorsorge von Selbstständigen.

1. Säule: Staatliche Vorsorge
Dient der finanziellen Sicherung Ihres Existenzbedarfs im Alter, schützt Sie im Invaliditätsfall und sichert Ihre Hinterbliebenen im Todesfall mit dem Existenzminimum ab. Die 1. Säule ist verpflichtend, der entsprechende Betrag wird automatisch von Ihrem Bruttolohn abgezogen.

Die Finanzierung der 1. Säule erfolgt durch das Umlageverfahren. Die momentan tätigen Arbeitnehmer finanzieren die Rente der bereits pensionierten AHV-Bezieher. Die Beitragspflicht beginnt für Erwerbstätige am 1. Januar des 18. Altersjahres. Beitragspflichtig sind auch Nichterwerbstätige ab dem 1. Januar ihres 21. Altersjahres bis zum Erreichen des ordentlichen Rentenalters. Wandern Sie also erst mit z.B. 30 in die Schweiz aus, führen die fehlenden Beitragsjahre zu einer Kürzung der AHV-Rente. Das ist allerdings „unkritisch", Ihre erarbeiteten Rentenansprüche in Deutschland bleiben Ihnen erhalten, siehe vorheriges Kapitel Seite 52, Schlagwort Doppelbesteuerungsabkommen.

2. Säule: Berufliche Vorsorge/Pensionskasse (BVG)

In der Pensionskasse sind alle Arbeitnehmer ab dem 18. Lebensjahr mit einem jährlichen Mindesteinkommen von 21510 CHF (und bis zum oberen Limit von 86040 CHF obligatorisch) versichert. In den ersten Berufsjahren sind nur die Risiken Tod und Invalidität finanziell abgedeckt.

Nach dem 25. Lebensjahr wird auch Guthaben in die Altersrente (Säule 2a) angespart. Die Säule 2 ist die deutsche Betriebsrente. Wichtig: Das Leistungsspektrum sowie die Rentenhöhen aus der Pensionskasse sind von Arbeitgeber zu Arbeitgeber sehr unterschiedlich. Machen Sie sich daher mit den Details der Pensionskasse Ihres Arbeitgebers vertraut.

3. Säule: Private Vorsorge
Mit der freiwilligen Selbstvorsorge durch die Säule 3 kann die persönliche Vorsorgesituation in Eigenverantwortung verbessert und durch verschiedene Spar- und Versicherungslösungen individuell gestaltet werden. Die Säule 3a wird vom Bund und den Kantonen finanziell gefördert um mögliche Vorsorgelücken zu schließen. Die einbezahlten Prämien bzw. Beiträge lassen sich vom steuerbaren Einkommen abziehen, das heißt, Sie bekommen je nach persönlicher Steuersituation mehrere tausend Franken zurückerstattet. Sofern Sie die Säule 3a besparen, sollten Sie daher zwingend eine Steuererklärung abgeben, um von der finanziellen Förderung zu profitieren. Details erhalten Sie von Ihrem Steuerberater.

Säule 3a – Gebundene Vorsorge für AHV-pflichtige Erwerbstätige:
Das angesparte Kapital dient grundsätzlich der Altersvorsorge. In bestimmten Fällen, wie z.B. für eine Hypothek zum Kauf eines Eigenheims oder für die Aufnahme einer selbständigen Erwerbstätigkeit kann das Kapital auch vorbezogen werden. Ein Großteil der Schweizer bespart die Säule 3a als steueroptimierte, private Altersvorsorge. Ein Rabattcode zu einem in der Schweiz beliebten Anbieter der Säule 3a Vorsorge finden Sie auf Seite 82.

Säule 3b – Freie Vorsorge für alle
Mit der Säule 3b können Sie das finanzielle Polster für Ihre Ziele und Wünsche nach der Pensionierung noch weiter ausbauen. Auch die finanziellen Risiken bei Invalidität oder im Todesfall können bedürfnisgerecht abgesichert werden. Hierfür stehen verschiedene Spar- und Anlagelösungen sowie Versicherungslösungen zur Verfügung.

Was kosten Kinder in der Schweiz?

Kinder sind teuer, besonders in der Schweiz. Aber ist das tatsächlich der Fall und von welchen Kosten sprechen wir hier?

Prinzipiell gilt, dass durch Ihr Kind Kosten entstehen, die Sie aus Sicht der Schweizer Gesellschaft überwiegend in Eigenverantwortung tragen sollen. Ihre Kinder, ihre Kosten. Kinderlose Paare bzw. Familien mit „nur" einem oder zwei Kindern sollen dabei nicht Familien mit einer Vielzahl an Kindern finanzieren. Der Nachwuchs unterliegt ihrer eigenen finanziellen Verantwortung.

Der große Kostentreiber ist dabei das Thema Kindertagesstätte (Kita) für Kinder im Alter von 0 bis 4 Jahren. Anschließend geht das Kind in den Kindergarten (erste Stufe der Vorschule) und unterliegt damit der staatlichen Betreuung, wodurch proportional vergleichbare niedrigere Kosten wie in Deutschland anfallen. Alle Betreuungs- und Erziehungskosten vor dem Kindergarten in Form der Kita sind daher „privat" und dadurch teuer. In Zürich zahlen Sie für eine Kinderbetreuung gerne mal 2200 CHF pro Monat (5 Tage Ganztagsbetreuung inkl. Verpflegung) oder auch mehr.

WICHTIG: Lassen Sie sich davon nicht abschrecken! Sie verdienen aus diesem Grund sehr gut, die hohen Kita-Kosten fallen bis zu 4 Jahre an, allerdings haben Sie ein mögliches Erwerbsleben von 35 bis 40 Jahren in denen Sie sehr viel Geld verdienen und sparen können. Trotz dieser aus deutscher Sicht hohen Kosten bekommen auch die Schweizer Kinder mit einer zu Deutschland vergleichbaren Geburtenrate.

Letztendlich ist die Schweiz alles, aber nicht kinderfeindlich, im Gegenteil. In der Schweiz finden Sie gute Voraussetzungen vor, um ein Kind großzuziehen. Das betrifft z.B. eine hervorragende Infrastruktur im Kindergarten sowie sehr gute schulische Einrichtungen. Zusätzlich erwartet Sie in diesen Einrichtungen Personal mit sehr guter Ausbildung, das gilt bereits für die Kita.

Desweiteren erhalten Sie je nach Kanton ein Kindergeld in der Höhe von 200 – 300 CHF pro Monat (bis 16 Jahren), für die Ausbildung Ihres Kindes vom Alter 15 bis 25 Jahren erhalten Sie eine Zulage von 250 – 425 CHF pro Monat (Stand: 2020).

Je nach Arbeitgeber und Höhe des Gehalts des Vorjahres von Ihnen und Ihrer/Ihrem Partner/in erhalten Sie einen Zuschuss zu den Kita-Kosten pro Monat. Dieser kann beispielhaft bis zu 500 CHF betragen. Erkundigen Sie sich zu diesem Punkt spätestens bei der finalen Vertragsverhandlung oder bereits im Vorstellungsgespräch, sofern angebracht.

Zusätzlich können Drittbetreuungskosten wie die der Kindertagesstätte in Höhe von 10100 CHF von der Steuer abgesetzt werden. Der allgemeine Abzug pro Kind beträgt 6500 CHF. Details klären Sie mit Ihrem Steuerberater.

Der gesetzliche Mutterschaftsurlaub beträgt 14 Wochen für Frauen, der Vaterschaftsurlaub 2 Wochen für Männer. Um attraktiv zu bleiben, sprechen viele Arbeitgeber den Familienvätern einen Vaterschaftsurlaub von 2 Monaten zu, manche sogar 3, selten 4 Monate.

Schwangere Frauen arbeiten je nach Risiko am Arbeitsplatz in der Schweiz grundsätzlich „bis zur Geburt". Falls Sie starke Beschwerden haben sollten und nicht mehr arbeiten können, kann der Arzt Ihnen eine Risikoschwangerschaft bescheinigen. Achtung: Sollten Sie also nur „angeschlagen" sein und man Ihnen dadurch unterstellen können, Sie würden einfach nicht mehr arbeiten wollen, dann wird die Zeit bis zur Geburt von Ihren 3 Monaten Elternzeit abgezogen. Diese Regelung beugt Missbrauch vor und macht die finanzielle Belastung einer Schwangerschaft für die Gesellschaft abhängig vom tatsächlichen Schwangerschaftsverlauf.

Die Lohnfortzahlung in der Mutter- bzw. dem Vaterschaftsurlaub liegt bei 80%, bei manchen Arbeitgebern sogar bei 100%.

Möchten Sie nach der Geburt Ihres Kindes z.B. 1 Jahr zuhause bleiben, müssen Sie sich nach der Elternzeit von Ihrem Arbeitgeber vertraglich freistellen lassen. In dieser Zeit bezahlen Sie die AHV Beiträge (Säule 1) selbst, etwa in der Höhe von ~250 CHF. Zusätzlich müssen Sie für Ihre sowie für die Arbeitgeberbeiträge der Pensionskasse (Säule 2) aus eigener Tasche aufkommen. Dabei gilt ein Mindestbetrag, welchen Sie nach Rücksprache mit Ihrem Arbeitgeber und der Pensionskasse klären. Dieser liegt als Größenordnung beispielsweise bei ~410 CHF monatlich. Zusätzlich müssen Sie sich selbst unfallversichern, was mit ~10 CHF pro Monat zu Buche schlägt. Die Höhe der genannten Beträge ist abhängig von Ihrem Lohn, hier beispielsweise basierend auf einem 90000 CHF Bruttogehalt pro Jahr. Für Details informieren sich Sie bei Ihrem Arbeitgeber und den entsprechenden Ämtern.

Falls Sie ein 2. Kind planen, macht es aus finanzieller Sicht Sinn, dieses innerhalb der ersten vier Kita-Jahre des 1. Kindes zu bekommen. Dadurch können Sie ein Jahr Kitagebühren sparen, sofern Sie beispielsweise ein Jahr nach der Geburt freigestellt wurden und mit der Betreuung Ihres Neugeborenen Zuhause beschäftigt sind. Übertreiben Sie es an dieser Stelle aber nicht und folgen Sie hier Ihrer inneren Stimme, nicht alle Dinge müssen ausoptimiert werden.

Auch gut zu wissen: Nach der Geburt des erstens Kindes haben Sie in den ersten acht Wochen Anspruch auf bis zu 16 Hausbesuche durch die Hebamme. Beim zweiten Kind stehen Ihnen 10 Besuche zu. Diese werden durch die obligatorische Grundversicherung ohne Anteil an der Franchise bezahlt. Die Hebammenbesuche sind für Sie also kostenlos.

Zusammenfassend kommen folgende Kosten pro Kind monatlich auf Sie zu:

Kosten für Sie? [CHF]	Kosten pro Kind (0 Jahr bis 4 Jahre) im Monat & Jahr
	Krankenversicherung: ~100 CHF (Seite 82)
	Krankenversicherung - Selbstbehalt: ~30 CHF**
	Haftpflicht- und Hausratsversicherung: ~5 CHF* (Seite 81)
	Optional, Zahnzusatzversicherung: N/A
	Lebensmittel: ~200 CHF
	Drogerieartikel (Windeln & Co.): ~50 CHF
	Kleidung: ~50 CHF
	Spielzeug: ~20 CHF
	Urlaub, Spaß & Co.: ~100 CHF
	Kitagebühren: ~110 CHF pro Tag, ~1430 CHF (60% im Monat, 13 Tage)
	Optional (im Falle von bezahltem Urlaub): Sie übernehmen die Betreuung selbst: 0 CHF
	Optional (im Falle von bezahltem Urlaub): AHV-Beitrag, Freistellung: ~250 CHF***
	Optional (im Falle von bezahltem Urlaub): Pensionskasse-Beitrag, Freistellung: ~410 CHF***
	Optional (im Falle von bezahltem Urlaub): Unfallversicherungsbeitrag, Freistellung: ~10 CHF***
	Sonstiges:_____
Total:_____	**Total: 1985 CHF** **(Ausgaben pro Monat, inkl. Kinderbetreuung)**
Total:_____	**Total: 1225 CHF** **(Ausgaben pro Monat, bei unbezahltem Urlaub)**
Total:_____	**Total: 23820 CHF** **(Ausgaben pro Jahr, inkl. Kinderbetreuung)**
Total:_____	**Total: 14700 CHF** **(Ausgaben pro Jahr, bei unbezahltem Urlaub)**

* = Geschätzter Anteil der Familienversicherung pro Haushalt. Eine Haftpflicht- sowie Hausratsversicherung für einen Dreipersonenhaushalt mit ausreichender Deckung kostet Sie als Größenordnung 200 CHF pro Jahr.

** = Kinder sind „immer krank", daher nehmen wir diesen Punkt mit auf. Basierend auf einen jährlichen Selbstbehalt von 10% bis maximal 350 CHF

*** = Zahlen abhängig vom Gehalt, hier ca. 90000 CHF brutto

Notizen

Vermögenssteuer – Vernachlässigbar?

Vermögenssteuer zahlen Sie in der Schweiz ab einem steuerbaren Vermögen von 75000 CHF aufwärts, diese Zahl ist kantonsabhängig. Dazu zählt Vermögen wie Sparguthaben, Immobilien, Wertpapiere (Aktien, Anleihen, etc.), Kryptowährungen, Edelmetalle, Kunstwertgegenstände, der Wert Ihres Fahrzeuges und so weiter.

Gegengerechnet auf Ihr Vermögen werden Verbindlichkeiten wie z.B. bestehende Schulden auf eine Immobilie wie Ihr Haus oder Ihre Eigentumswohnung. Vermögenssteuer zahlen Sie daher nur auf steuerbares Vermögen, nicht auf Ihr Gesamtvermögen.

Die Höhe der zu zahlenden Vermögenssteuer ist zudem abhängig von Ihrem Wohnkanton, Ihrer Konfession, Ihrem Zivilstand und der Anzahl Ihrer Kinder.

Letztendlich sollten Sie das Thema Vermögenssteuer in Ihrer Betrachtung vernachlässigen, es sei den Sie haben geerbt oder werden erben bzw. verfügen über ein großes Vermögen. In Zürich zahlen Sie beispielsweise für ein steuerbares Vermögen von 300000 CHF ungefähr 254 CHF Vermögenssteuer (=0.0085%, ledig, evangelisch, keine Kinder) pro Jahr. Eine überschaubare Summe.

Eine Steuer, die auch in Deutschland angemessen wäre und in absoluten Zahlen die wirklich Wohlhabenden anstelle der Mittelschicht trifft? Das ist kein Thema für dieses Buch, wir machen hier weiter.

Die für Ihren Fall zu zahlende Vermögenssteuer berechnen Sie über einen der vielen verfügbaren Online-Rechner, den absoluten Wert in CHF tragen Sie in Kapitel „Fiktives Bruttogehalt in Deutschland –
Der große Unterschied" auf Seite 67 ein.

Arbeitsalltag in der Schweiz
—
Wochenstunden, Urlaubsanspruch, Größeres Arbeitspensum

In der Schweiz arbeiten Sie mehr wie in Deutschland und haben dazu vermutlich weniger Urlaub. Dafür bekommen Sie deutlich mehr Gehalt. Soweit die Annahme, was heißt das aber konkret?

Vom Arbeitsrecht her arbeitet ein Schweizer Arbeitnehmer 42 Stunden pro Woche und hat 20 Urlaubstage im Jahr. Die Realität sieht allerdings häufig deutlich anders aus. 40 Stunden pro Woche, 25 Urlaubstage sind weit verbreitet und stark abhängig vom Arbeitgeber und der jeweiligen Branche.

Je nach Vertrag werden zusätzlich die Tage zwischen Weihnachten und Neujahr als bereits geleistete Mehrarbeit angesehen, Sie haben dadurch nochmal etwa 5 zusätzliche Feiertage. Diese Besonderheit betrifft vor allem außertariflich Angestellte bzw. Arbeitnehmer bei großen Firmen.

Sind Sie erst mal in der Schweiz, werden Sie wahrnehmen, dass viele Schweizer nur 80% oder gar 60% arbeiten. Wie sich das die Schweizer leisten können? Die Antwort und die Zahlen liefert dieses Buch, sie können es sich einfach leisten. Off-Topic: Wagen Sie einen Blick in das Erb- und Steuerrecht der Schweiz und Sie werden vom Glauben abfallen. Selbiges gilt für die Besteuerung von Kapitalgewinnen.

Die Anzahl der gesetzlichen Feiertage pro Jahr variiert von Kanton zu Kanton und ist vergleichbar mit Deutschland. Wie das Arbeitspensum im Vergleich mit Deutschland aussieht, schauen wir uns hier im Detail am Beispiel des Jahres 2022 an.

Jahr: 2022	Deutschland	Schweiz
Arbeitstage (ohne Urlaub):	251*	250****
Feiertage:	9**	10*****
Urlaubstage:	30	25
Arbeitstage (mit Urlaub):	221	225
Differenz beider Länder [Tage]:	-4	+4
Differenz beider Länder [%]:	-1.81%	+1.78%

* = Bundesland abhängig, Spanne: 249 bis 253 Tage
** = Bundesland abhängig, Spanne: 7 bis 11 Tage. Die Feiertage sind in den hier genannten Arbeitstagen schon abgezogen
*** = Kantonsabhängig
**** = Kantonsabhängig: Die Feiertage sind in den hier genannten Arbeitstagen schon abgezogen

Basierend auf der Tabelle oben haben wir bezogen auf einen Vergleich der Arbeitszeit soweit Äpfel mit Birnen verglichen, da für jede Person unterschiedliche Wochenarbeitszeiten und Urlaubstage zu berücksichtigen sind, die mit den Bedingungen des Arbeitsvertrags in der Schweiz verglichen werden müssen.

Die nachfolgende Tabelle hilft Ihnen zu verstehen, wie viel Prozent Sie verglichen zwischen Deutschland und der Schweiz mehr oder weniger arbeiten würden.

Dabei sind vier Parameter zu berücksichtigen: Für die Ermittlung der Mehrarbeit geben Sie Ihre Wochenstunden sowie Ihren Urlaubsanspruch in Deutschland vor, anschließend die Wochenstunden und den Urlaubsanspruch in der Schweiz.

Als Beispiel: Sie werden feststellen, dass ein deutscher Arbeitnehmer mit einer 35 Stundenwoche und 30 Tagen Urlaub als Arbeitnehmer in der Schweiz bei einer 40 Stundenwoche und 25 Tagen Urlaub etwa 17% mehr arbeiten wird.

Lassen Sie sich davon ebenfalls nicht abschrecken, lesen Sie dieses Buch zu Ende um diesen Punkt besser zu verstehen.

Arbeitszeitvergleich

* = Zwei Nachkommastellen, relevant für eine bessere Bruttolohnberechnung.
** = Abhängig vom jeweiligen Kalenderjahr, vernachlässigbar für diese Berechnung

Mehrarbeit in der Schweiz im Vergleich zu Deutschland [%]*

		Wochenstunden Deutschland												Urlaubstage Deutschland
		35	35	35	37,5	37,5	37,5	40	40	40	45	45	45	
														25
														30
														25
														30
														25
														30
Wochenstunden Schweiz	40	17,33%	14,79%	12,25%	9,51%	7,14%	2,67%	0,44%	-1,78%		-8,74%	-10,72%	-12,69%	
	40	20,00%	17,40%	14,81%	12,00%	9,58%	5,00%	2,73%	0,45%		-6,67%	-8,69%	-10,71%	
	42	23,20%	20,53%	17,87%	14,99%	12,50%	7,80%	5,47%	3,13%		-4,18%	-6,25%	-8,33%	
	42	26,00%	23,27%	20,55%	17,60%	15,05%	10,25%	7,86%	5,48%		-2,00%	-4,12%	-6,24%	
	45	32,00%	29,14%	26,29%	23,20%	20,53%	15,50%	13,00%	10,50%		2,67%	0,44%	-1,78%	
	45	35,00%	32,08%	29,16%	26,00%	23,27%	18,13%	15,57%	13,01%		5,00%	2,73%	0,45%	
		20	25	30	20	25	30	25	30		20	25	30	

Urlaubstage Schweiz

Arbeitstage Deutschland**	250
Arbeitstage Schweiz**	251

Sparquote Schweiz – Was bleibt am Ende übrig?

Was bleibt denn jetzt eigentlich am Ende des Monats hängen? Und wie sieht das im Vergleich zu Deutschland aus? Lohnt sich denn jetzt die Schweiz?

Wir haben in diesem Buch über den Bruttolohn, Abgaben, den Nettolohn, Steuern, die Krankenversicherung, Arbeitszeiten, Urlaubsansprüche, Lebenshaltungskosten, Freizeitkosten, Kosten von Kindern, Vermögenssteuer und vieles mehr gesprochen. Jetzt heißt es, die ausgearbeiteten Werte zusammen zu tragen und eine Abschlussrechnung zu tätigen.

Tragen Sie dazu die Werte in die nachfolgende Tabelle aus dem entsprechenden Kapitel ein. Das entsprechende Vorzeichen zeigt Ihnen, welche Werte Sie addieren oder subtrahieren müssen.

Ihre Sparsumme in der Schweiz – Pro Jahr

Ihre Werte [CHF}	Sparsummenberechnung – Werte pro Monat
	Bruttolohn (Seite 24): 9231 CHF
	Nettolohn (Seite 24): 7711 CHF
	-Krankenversicherungskosten (Seite 30): 287 CHF
	-Lebenshaltungskosten (Seite 27): 1750 CHF
	-Freizeitkosten (Seite 38): 800 CHF
	-Optional: Kosten Kind/Kinder (Seite 52): 0 CHF
	-Vermögenssteuer (Seite 61): 25 CHF*
	-Sonstiges: Urlaub = 250 CHF (=3000 CHF pro Jahr)
	-Sonstiges:_____
	-Sonstiges:_____
	Total Sparsumme (Monat): 4599 CHF
	Total Sparsumme (Jahr): 55188 CHF
	+13. Monatsgehalt - Netto (Seite 24): 5000 CHF**
	+Jahresbonus – Netto (Seite 16): 8000 CHF***
	Finale Sparsumme in der Schweiz pro Jahr - Netto: 68188 CHF
	--> WEGEN DIESER ZAHL SIND SIE HIER <--
	Finale Sparsumme in der Schweiz pro Monat - Netto: 5682 CHF

* = Vereinfachung: Pauschal = 300 CHF pro Jahr (Seite 61)
** = Vereinfachung: Die Auszahlung von zwei Monatslöhnen führt zu einer höheren progressiven Besteuerung
*** = Vereinfachung: Annahme der Höhe des Bonus von 11% bezogen auf den Bruttojahreslohn inklusive 13. Monatsgehalt (=120000 CHF pro anno). Die Auszahlung des Jahresbonus zusammen mit dem Monatslohn führt zu einer höheren Besteuerung, zur Vereinfachung wird ein Bonus von 8000 CHF netto angenommen

Fiktives Bruttogehalt in Deutschland
—
Der große Unterschied

Ziel erreicht, auf dieses Kapitel und folgende Frage haben wir in diesem Buch hingearbeitet:

Welchen Bruttolohn müssten Sie in Deutschland verdienen, damit Sie auf die gleiche jährliche Sparsumme kommen wie bei einem Leben in der Schweiz?

Als Hilfestellung für die Berechnung in der nachfolgenden Tabelle:

Sie sparen in der Schweiz laut Ihrer Berechnung z.B. 68000 CHF pro Jahr. Bei einem Wechselkurs von 1.00 CHF zu 1.00 Euro (Stand: Oktober 2022) entspricht das einer jährlichen Sparsumme von ebenfalls 68000 Euro. In Deutschland geben Sie aktuell 1500 Euro pro Monat aus, das entspricht mit einem angenommenen Urlaubsbudget von 2500 Euro 20500 Euro pro Jahr an Ausgaben. Da Sie in Deutschland nach Ihren Ausgaben mindestens ebenfalls 68000 Euro sparen wollen, muss Ihr Nettolohn 88500 Euro (=68000 Euro + 20500 Euro) betragen. In Deutschland werden von Ihrem Bruttolohn als Worst-Case Annahme 45%* abgezogen.

Den Bruttolohn berechnen wir vereinfacht, indem wir den Nettolohn vor Ausgaben durch 55 teilen und mit 100 multiplizieren ((=88500 Euro/55)x100)).

Das fiktive Bruttogehalt in Deutschland beträgt in diesem Beispiel: --> 161000 Euro pro Jahr <--

Das heißt anders formuliert: Um 68000 Euro in Deutschland zu sparen, müssten Sie bei Ihren aktuellen Ausgaben und dem deutschen Steuer- und Abgabensystem 161000 Euro brutto pro Jahr verdienen.

Kein Otto-Normalverbraucher verdient in Deutschland so ein hohes Gehalt, das ist nur machbar für Führungskräfte und höhere Kader mit dem dazugehörigem Arbeitspensum und Leistungsdruck.

Das heißt erneut ausgesprochen: Für einen „normalen" Job in der Schweiz, durch die in der Schweiz niedrigen Steuern, nach Abzug aller in der Schweiz anfallenden Kosten sparen Sie jährlich 68000 Euro. Für dieselbe Summe müssten Sie in Deutschland erst mal an einen +-161000 Euro brutto Job rankommen, haben vermutlich eine 50-65+ Stundenwoche, viel Stress, keine Freizeit, gesundheitliche Probleme und vieles mehr.

Berechnen Sie nun in der nachfolgenden Tabelle Ihren persönlichen fiktiven Bruttolohn in Deutschland basierend auf Ihrer jährlichen Sparsumme in der Schweiz (Seite 65). Der Wechselkurs zwischen CHF und Euro wird hier erneut vernachlässigt und als 1:1 betrachtet.

*= 45% Abgaben, für die Berechnung worst-case: Beispiel für einen 25 jährigen, 100000 Euro Bruttolohn, Steuerklasse 1 abzüglich Lohnsteuer, Solidaritätszuschlag, Kirchensteuer sowie Sozialabgaben wie Rentenversicherung, Arbeitslosenversicherung, Pflegeversicherung und Krankenversicherung)

Ihr Fiktiver Bruttolohn in Deutschland

Ihre Werte [CHF}	Theoretische Gehaltsberechnungen
	Finale Sparsumme in der Schweiz pro Jahr: 68188 CHF
	+Ausgaben Deutschland pro Jahr (Seite 8): 18756 CHF
	+Urlaub Deutschland pro Jahr: 2500 CHF*
	+Sonstiges:_____
N/A	**Theoretisches Nettogehalt in Deutschland pro Jahr: 89444 CHF** Abgaben vom Bruttolohn in Deutschland (Steuer, Rente, Krankenversicherung, Arbeitslosenversicherung, etc.), Pauschaler Wert in Prozent: 45% -->Nettogehalt teilen durch 55 (=100%-45%) * 100 **Fiktives Bruttogehalt in Deutschland pro Jahr: 162625 Euro** --> WEGEN DIESER ZAHL SIND SIE HIER <--

*=Pauschale Annahme für Urlaubskosten pro Jahr als deutscher Arbeitnehmer

Sie haben nun Ihr fiktives deutsches Bruttogehalt berechnet? Ist dieses niedrig oder hoch? Vermutlich, zumindest basierend auf dem Beispiel des Elektroingenieurs sehr hoch. Das heißt verbildlicht auch: Sie verdienen in der Schweiz als normaler Akademiker mit Berufserfahrung ein Gehalt für dessen jährliche Sparsumme Sie in Deutschland das Gehalts eines Topmanagers, Unternehmensberaters, Abteilungsleiters oder Arztes verdienen müssten.

Beantworten Sie für sich die Frage, würde sich das Arbeiten in der Schweiz für Sie und Ihre berufliche Situation lohnen? Sind Sie soweit mit dem Rechenweg für Ermittlung des Bruttogehalts einverstanden?

Wir machen nun folgende weitere Verbildlichung: Im Kapitel „Ihre Sparquote in Deutschland" haben Sie sich Gedanken über Ihre Zielsparsumme gemacht („What`s your number"). Wie lange brauchen Sie, um diese Summe zu ersparen?

In unserem Beispiel aus Seite 10 benötigen wir für Zielsumme von 650000 Euro und einer jährlichen Sparsumme von 68000 Euro in der Schweiz etwa 9,6 Jahre. Würden Sie in Deutschland 100000 Euro brutto verdienen, wären das ~55000 Euro Nettolohn. Nach den jährlichen Ausgaben von 21000 Euro bleiben Ihnen 34000 Euro übrig. In Deutschland brauchen Sie also 19,1 Jahre, um 650000 Euro zu ersparen. Das sind fast 10 Jahre Unterschied. Statt 40 sind Sie 50 Jahre alt.

Was bedeuten Ihnen 10 Jahre Lebenszeit?

Vollständigerweise müssen wir an dieser Stelle erwähnen, dass wir für das fiktive Bruttogehalt von 162625 Euro in Deutschland auch bis zu 0-20% mehr in der Schweiz arbeiten müssten, basierend auf einer in der Schweiz weit verbreiteten 40 Stunden Woche und dem Anspruch von 25 Urlaubstagen anstelle von einer 35 Stundenwoche und 30 Tagen Urlaub wie in Deutschland (Seite 62). Auf der anderen Seite werden Sie in Deutschland keine 110000 bis 160000 Euro brutto mit einer 35 Stundenwoche und 30 Tagen Urlaub als Arbeitnehmer verdienen. Aus diesem Grund bereinigen wir das fiktive Bruttogehalt nicht um die geleistete Mehrarbeit.

Warum Sie eine Steuererklärung machen sollten

Dieses Kapitel halten wir kurz: Für steuerliche Fragen kontaktieren Sie den Steuerberater/Treuhänder Ihres Vertrauens.

Ausländische Arbeitnehmer zahlen bis zum Erhalt der Aufenthaltsbewilligung C Quellensteuer. Diese wird monatlich durch den Arbeitgeber vom Lohn abgezogen. Für Quellensteuerpflichtige, beispielsweise Personen mit der Aufenthaltsbewilligung B, welche den Schwellenwert von 120000 CHF brutto pro Jahr an Einkommen erreichen, gilt eine obligatorische Steuererklärungspflicht. Diese gilt auch für die Folgejahre.

Durch die Steuererklärungspflicht wird nachträglich Ihr Einkommen aber auch Ihr gesamtes Vermögen ordentlich veranlagt. Das heißt, Sie werden "ordentlich besteuert" und zahlen wie jemand mit der Aufenthaltsbewilligung C oder eine Schweizer Steuerperson Bundes-, Kantons- und Gemeindesteuern. Bereits gezahlte Quellensteuer wird dabei angerechnet und die Differenz an Sie zurückerstattet.

Eine Steuererklärung lohnt sich übrigens fast immer, da diverse Kosten und Ausgaben gelten gemacht werden können.

Das können beispielsweise folgende Abzüge sein:
- Beiträge der Altersvorsorge Säule 3a
- Einkäufe in die berufliche Vorsorge (BVG / 2. Säule)
- Berufskosten, Aus- und Weiterbildungskosten
- Kosten für die Drittbetreuung von Kindern
- Alimentenzahlungen
- Schuldzinsen
- Krankheits- und behinderungsbedingte Kosten

In der Steuererklärung müssen Sie Ihre 12-stellige AHV Nummer (=Sozialversicherungsnummer) angeben. Diese erhalten Sie nachdem Sie sich in der Schweiz angemeldet und Ihre Aufenthaltsbewilligung erhalten haben.

Umzug in die Schweiz, aber Immobilien in Deutschland

Falls Sie in die Schweiz ziehen und Immobilien wie z.B. eine Eigentumswohnung in Deutschland haben und diese vermieten wollen, stellt sich die Frage, wo die Mieteinkünfte zu versteuern sind. Auch hier gilt: Für steuerliche Fragen kontaktieren Sie den Steuerberater/ Treuhänder Ihres Vertrauens.

Letztendlich wird dieses Einkommen in Form von Mieteinnahmen in Deutschland erzielt, daher ist dieses Einkommen in Deutschland steuerpflichtig. Das betrifft natürlich nur Ihre Mieteinnahmen, nicht Ihr parallel in der Schweiz erarbeitetes Arbeitseinkommen. Das wird in der Schweiz besteuert, vorausgesetzt Sie haben Ihren Wohnsitz in der Schweiz und sind kein Grenzgänger.

Sprechen Sie über Ihre Situation mit dem Steuerberater.

Was passiert mit den Aktiendepots in Deutschland & Wie tausche ich Schweizer Franken in Euro?

Für den Umzug in die Schweiz melden Sie sich von Ihrem deutschen Wohnsitz ab und melden sich in an Ihrem neuen Schweizer Wohnort an. Diese Adressänderung sowie die Änderung des Landes in dem Sie steuerpflichtig sind, müssen Sie der Bank bzw. Ihrem Online-Broker mitteilen.

Wichtig: Die Mehrheit, aber nicht jede Bank bzw. Online-Broker lässt die Änderung auf eine ausländische bzw. Schweizer Adresse zu. Nehmen Sie hierfür 10 Minuten den Hörer in die Hand und klären Sie unbedingt diesen Punkt.

Letztendlich gilt für die Mehrheit der Anbieter in Deutschland:
Sie können Ihr deutsches Aktiendepot behalten, weiter Aktien kaufen & verkaufen und neues Geld in Euro auf Ihr Konto überweisen. Sie haben durch die Wohnsitzänderung in die Schweiz übrigens keinen deutschen Steuerfreibetrag mehr zur Verfügung. Dividendeneinnahmen werden direkt an der Quelle besteuert.

Sofern Sie in der Schweiz ein Aktiendepot eröffnen möchten, ist Ihnen Swissquote aufgrund eines sehr guten Preis-/Leistungsverhältnis zu empfehlen. Geben Sie den unten genannten Vorteilscode ein um einen entsprechenden Rabatt zu erhalten.

Produkt	Anbieter	Ihr Vorteil*	Vorteilscode*
Aktiendepot	Swissquote [QR]	100 CHF als Trading Kredit	7k8oo8

Da Sie nun in einer anderen Währung verdienen, stellt sich die Frage, wie Sie Schweizer Franken am kostengünstigsten in Euro bzw. andere Währungen wechseln.

Dafür kann der Dienstleister Wise als Online-Geldtransfer Service empfohlen werden (Seite 82). Der Wechselkurs bzw. die anfallenden Gebühren sind bei Wise aus Kundensicht verglichen mit anderen Anbietern bzw. Banken für Sie von Vorteil, sprich günstig.

Eröffnen Sie ein Wise Konto über den nachfolgenden QR Code. Auf dieses erstellte Konto zahlen Sie über Ihr Schweizer Bankkonto die zu wechselnde Summe ein (z.B. Zak Konto, Erstellung siehe Seite 82). Anschließend wechselt Ihnen Wise zu einem zuvor von Ihnen bestätigten Wechselkurs und niedrigen Gebühren den Betrag in die Zielwährung um und überweist den Betrag auf Ihr deutsches Konto.

Produkt	Anbieter	Ihr Vorteil*	Vorteilscode*
Online-Geldtransfer-Service	Wise	Gebührenfreie Überweisung von bis zu *500 EUR*	Vorteil = QR Code nutzen

Die USA vor der Haustüre

In den USA erhalten Sie, gerade für qualifizierte Jobs, hohe Löhne. Gleichzeitig zahlen Sie in den USA relativ niedrige Steuern. Für einen Job in Boston im Bundesstaat Massachusetts belaufen sich Ihre steuerlichen Abgaben bei einem Einkommen von 100000 Dollar auf etwa 28%. Das bedeutet, Sie verdienen ungefähr 72000 Dollar netto.

Letztendlich müssen wir hier, wie wir es auch für die Schweiz getan haben, die Mieten, andere Lebenserhaltungskosten und Preise des Alltags im Detail betrachten. Im internationalen Vergleich kann man sagen, wer in den USA arbeitet, hat eine hohe Kaufkraft. Die inflationsbereinigte Kaufkraft des Dollars als Weltleitwährung blieb zudem im Vergleich zu anderen Währungen über die letzten Jahrzehnte stabil. Der Rest der Welt ist für den Amerikaner der Mittelschicht eher günstig, nicht teuer (ausgenommen sind natürlich Länder wie Kanada, Australien, Japan, etc.).

Sie möchten gerne ähnlich wie in den USA verdienen und eine hohe Kaufkraft haben, wollen aber aufgrund der Distanz nicht in die USA ziehen? Zusätzlich schreckt Sie das Thema Krankenversicherung in den USA ab?

DIE LÖSUNG: Die Bedingungen der USA liegen in Form von der Schweiz direkt vor unserer Haustüre. Gleichzeitig finden Sie ein deutlich besseres Krankenversicherungs- und Gesundheitssystem vor. Auch können Sie Deutsch sprechen, Englisch ist je nach Branche optional. Die Steuern sind im Vergleich zur USA noch niedriger. Der Schweizer CHF zählt zudem zu einer der stabilsten Währungen der Welt. Zusätzlich lag die Inflationsrate in den letzten 10 Jahren teilweise deutlich unter 1.5%, durch Corona 2020 und dem Ukrainekrieg 2022 unter 3.5%. Wirklich tolle Bedingungen in Form eines robusten Wirtschaftssystems.

Durch die Schweiz bleiben zudem Familie und Freunde für Sie in Reichweite. Über den Flughafen Zürich, Basel, Bern sind Sie innerhalb von 2-3 Stunden in praktisch jeder europäischen Großstadt und damit auch schnell Zuhause. Die zentrale Lage der Schweiz in Europa ist ein Geschenk. Nehmen Sie dieses Geschenk an.

Sie haben immer von den USA geträumt? Träumen Sie von der Schweiz.

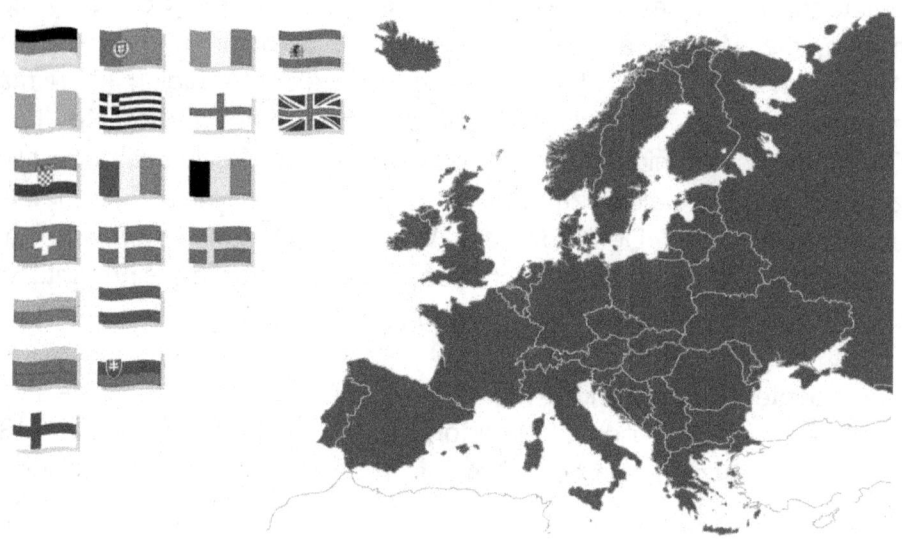

Zahnzusatzversicherung - Eigenverantwortung

Zahnarztkosten sind in der Schweiz nicht in der allgemeinen Krankenversicherung inkludiert. Das heißt, wenn Sie zum Zahnarzt gehen, müssen Sie entsprechende Kosten selbst tragen. Lassen Sie sich davon nicht einschüchtern, Standardbehandlungen wie z.B. die jährliche Zahnreinigung oder die Korrektur eines abgebrochenen Zahns, wird Sie nicht ruinieren. Die Behandlung und Wiederherstellung eines abgebrochenen Zahnes kostet beispielsweise in Zürich etwa 250 CHF. Größere Eingriffe können natürlich deutlich ins Geld gehen und variieren je nach Zahnarzt.

Selbstverständlich können Sie dieses finanzielle Risiko versichern. Aus Kostengründen nehmen viele in der Schweiz ansässige Personen auch eine zahnärztliche Behandlung im Ausland in Anspruch.

Was Sie jetzt noch hindert in die Schweiz zu ziehen

Wir haben bisher primär die finanzielle Seite der Schweiz betrachtet. Sie haben an dieser Stelle errechnet, was der Schritt in die Schweiz im Vergleich zu Deutschland bezogen auf Ihr mögliches Gehalt, Ihre Ausgaben und Ihre Sparsumme bedeuten kann. Wie fühlen Sie sich? Welche Gedanken gehen in Ihrem Kopf vor? Kommen Sie in die Schweiz?

Ein Elefant steht noch im Raum: Geld hin oder her, Sie müssen glücklich sein, nicht immer zwingend im Moment, aber langfristig. All Ihr Vermögen ist letztendlich wertlos. Familie, die besten Freunde, der/die Partner/in, Beziehungen, Gesundheit und Ihre Gefühlslage sind Dinge, die Ihr Leben lebenswert machen.

Wie viele Ihrer Jahre können Sie der Schweiz und sich selbst schenken?

In den nachfolgenden beiden Tabellen finden Sie Kontra- und Pro-Argumente, die Sie in Ihrer Entscheidung unterstützen können. Machen Sie sich ein Gesamtbild Ihrer Situation, Ängste, Wünsche und treffen Sie eine Entscheidung.

Kontra-Argumente:
Wäre Folgendes wirklich ein Problem?

Negativ? (Ja/Nein):	Situation
	Arbeitspensum höher
	Weniger Urlaub
	Distanz zum alten Freundeskreis
	Distanz zu den Eltern
	Verlust von Freunden
	Schwierigkeiten, neue Freunde zu finden
	Aufgabe eines guten Jobs
	Unfreundliche Gastgeber (Vorurteil)
	Viel Papierkram
	Probezeit bestehen
	Neuer Arbeitgeber unklar
	Schweizerdeutsch verstehen
	Aufgabe einer möglichen Abfindung in Deutschland
	Wegzug in X Jahren, lohnt es sich überhaupt?
	Freizeitmöglichkeiten unklar bzw. limitiert
	Neuer Wohnort – Tote Hose?
	Fortsetzung Berufsunfähigkeitsversicherung
	Gewerbe/Unternehmen mit umziehen
	Aktiendepot Mitnahme
	Sonstiges:_____
	Sonstiges:_____
	Sonstiges:_____
	Sonstiges:_____

Pro-Argumente:
Spricht Folgendes noch mehr für die Schweiz?

Positiv? (Ja/Nein):	Situation
	Hohe Sparquote
	Lebenserfahrung sammeln
	Neue Freunde – Neues Leben
	Traum erfüllen: Arbeiten bei Firma XYZ
	Schweizer Natur & Berge
	Auslandsaufenthalt: Schweiz
	Plus im Lebenslauf
	Abenteuer, Leben, Liebe, Erfahrungen
	Internationale Stadt: Zürich, Basel, Bern
	Neue Essenskultur
	Internationalität: Englisch verbessern
	Neues Umland, neue Reiseziele
	Die Schweiz kennenlernen
	Sich ein Auto „locker" leisten können
	Hohe Lebensqualität
	Höhere Rente bei Rückkehr nach Deutschland
	Niedrige Kriminalität
	Heimatbesuch: Günstig reisen & einkaufen
	Sonstiges:_____
	Sonstiges:_____
	Sonstiges:_____
	Sonstiges:_____

Weitere Tipps zum Start

Auto als Umzugsgut, Anmeldung & MFK:
Damit Sie Ihr in Deutschland gemeldetes Auto steuerfrei in die Schweiz als Umzugsgut überführen können, muss sich dieses bis zum Umzug mindestens sechs Monate in Ihrem Besitz befinden. Die Deklarierung des Autos als Umzugsgut erfolgt am Schweizer Zoll. Anschließend suchen Sie mit dem entsprechenden Dokument vom Zoll das Straßenverkehrsamt Ihrer Region für die Zulassung des Autos in der Schweiz auf. Dort findet die technische Prüfung nach Schweizer Vorgaben statt, wobei Sie im selben Moment eine Autoversicherungspolice vorweisen müssen (z.B. von Smile, siehe Seite 82). Nach Bestehen der technischen Prüfung und der erfolgreichen Anmeldung durch das Straßenverkehrsamt erhalten Sie dort Ihre neuen Schweizer Nummernschilder. Die hier erwähnte technische Prüfung ist in der Schweiz die Motofahrzeugkontrolle (MFK), analog zur deutschen TÜV Prüfung. Die Nachprüfung, sprich die erneute MFK, erfolgt auf Einladung des Straßenverkehrsamtes alle 2-3 Jahre, das Intervall ist abhängig vom Alter Ihres Fahrzeugs und dem Kanton (=Zulassungsbehörde).

Papier & Karton:
Wiederverwertbare Papierabfälle werden in der Schweiz gebündelt und zum Abholtermin vor das Haus gelegt. Karton wird ebenfalls säuberlich gebündelt und zum Termin abgeholt. Zusätzlich können Sie beides bei einer Gemeindesammelstelle entsorgen.

Müllsäcke für den Hausmüll:
Sie verursachen keinen Müll, da Sie z.B. für zwei Wochen im Urlaub sind? Dann müssen Sie auch keine Müllgebühren zahlen. In der Schweiz entsorgen Sie Ihren Hausmüll in käuflich zu erwerbenden Müllsäcken mit unterschiedlichem Volumen, z.B. 35 L Säcke. Die befüllten Säcke werfen Sie in die schwarze Restmülltone. Die Säcke erhalten Sie als Rolle in jedem Lebensmitteldiscounter für je etwa je 2 CHF pro 35 L Sack.

Rabattcodes - Girokonto, Versicherungen & Co.

Um Ihnen den organisatorischen Teil bei der Ankunft in der Schweiz zu erleichtern, finden Sie hier Beispiele für in der Schweiz beliebte Anbieter von Girokonten (Gehaltseingang), Haftpflicht-, Auto-, Hausrat-, Krankenversicherung, Internetanbietern und vieles mehr **inklusive entsprechender Rabattcodes**

Produkt	Anbieter	Ihr Vorteil*	Vorteilscode*
Girokonto/ Visa Card	Bank ZAK AG (Bank Cler)	100 CHF (bis zu)	P1RXIC
Haftpflicht-versicherung	Smile	40 CHF (Abhängig von der aktuell laufenden Promotion)	Vorteil = QR Code nutzen
Auto-versicherung	Smile	40 CHF (Abhängig von der aktuell laufenden Promotion)	Vorteil = QR Code nutzen
Hausrat-versicherung	Smile	40 CHF (Abhängig von der aktuell laufenden Promotion)	Vorteil = QR Code nutzen

Produkt	Anbieter	Ihr Vorteil*	Vorteilscode*
Kranken-versicherung	Group Mutuel	Diverse Rabatte Über LINK im QR Code	Vorteil = QR Code nutzen
Internetvertrag	Sunrise (Internet)	Diverse Rabatte Über LINK im QR Code - Die Rabatte sehen Sie Ihrer Bestellung im Einkaufswagen	Vorteil = QR Code nutzen
Handyvertrag	Sunrise (Handy)	Rabatte entnehmen Sie Ihrer Bestellung im Einkaufswagen, LINK folgen über den QR Code	Vorteil = QR Code nutzen
Online-Geldtransfer-Service	Wise	Gebühren-freie Überweisung von bis zu 500 EUR	Vorteil = QR Code nutzen
Aktiendepot	Swissquote	100 CHF als Trading Kredit	7k8oo8

Produkt	Anbieter	Ihr Vorteil*	Vorteilscode*
Säule 3a - Private Altersvorsorge	Frankly	Bis zu 50 CHF Gutschein auf Ihre Gebühren	refmm0082
Lieferdienst - Essen	Uber Eats	10 CHF für Ihre erste Bestellung	eats-mbiwey
Sonstiges	Ein Code funktioniert nicht? Schreiben Sie eine Mail an: Projects_MM@gmx.de		

* = Für Details zum Produkt bitte entsprechende Vertragsdetails sowie AGBs des Anbieters lesen. Höhe des Vorteils kann variieren. Hier handelt es sich um einen Affiliate Code/Affiliate Link, wodurch der Autor des Buches eine kleine oder ähnliche Provision erhält. Sie unterstützen dadurch im Nachgang die Finanzierung und Umsetzung dieses Buches.

Über dieses Buch

An dieser Stelle: Vielen Dank, dass Sie sich für dieses Buch entschieden haben. Ich hoffe, Sie konnten einen besseren Einblick in die Arbeits- und Lebenswelt der Schweiz erhalten und kennen nun Ihren zu erwartenden Lohn, ihre monatlichen Ausgaben und Ihre Sparsumme pro Jahr.

Weiterempfehlungen sowie Kundenfeedback sind die Grundlage für den Erfolg dieses Buches. Teilen Sie mir gerne mit, was Ihnen gefallen oder was Ihnen nicht gefallen hat. Sie finden dieses Buch bei Amazon.de über den Titel „Auswandern in die Schweiz: Gehalt, Ausgaben, Sparquote & Tipps zum Start" oder über folgenden Link als QR Code:

Als Erinnerung: Für Ihren guten Start in die Schweiz finden Sie Rabattcodes für das Girokonto, Versicherungen, Ihren neuen Handyvertrag, Internet und Festnetztelefon, Aktiendepot etc. zusammengefasst in Kapitel „Rabattcodes - Girokonto, Versicherungen & Co." auf Seite 82.

Buchversion:
Version 1.0 - Januar 2023

Impressum:
Matthias Metzner
Dübendorfstrasse 16
8051 Zürich
E-Mail: Projects_MM@gmx.de

www.ingramcontent.com/pod-product-compliance
Lightning Source LLC
Chambersburg PA
CBHW050250220526
45465CB00002B/627